市场发展与地方政府市场治理

——以白沟和义乌专业市场变迁为例

陈树志 著

SPM 南方传媒 | 广东人民出版社
·广州·

图书在版编目（CIP）数据

市场发展与地方政府市场治理：以白沟和义乌专业市场变迁
为例 / 陈树志著. —广州：广东人民出版社，2023.7
ISBN 978-7-218-16361-1

Ⅰ. ①市… Ⅱ. ①陈… Ⅲ. ①商品市场—市场管理—
研究—中国 Ⅳ. ①F727

中国版本图书馆 CIP 数据核字（2022）第 251379 号

SHICHANG FAZHAN YU DIFANG ZHENGFU SHICHANG ZHILI——YI BAIGOU HE YIWU ZHUANYE
SHICHANG BIANQIAN WEILI

市场发展与地方政府市场治理——以白沟和义乌专业市场变迁为例

陈树志 著

出 版 人：肖风华

责任编辑：马妮璐
责任技编：吴彦斌 周星奎
装帧设计：WONDERLAND Book design
仙境 QQ:344581934

出版发行：广东人民出版社
地　　址：广东省广州市越秀区大沙头四马路 10 号（邮政编码：510199）
电　　话：（020）85716809（总编室）
传　　真：（020）83289585
网　　址：http://www.gdpph.com
印　　刷：广东鹏腾宇文化创新有限公司
开　　本：787mm×1092mm　1/16
印　　张：14.5　字　　数：210 千
版　　次：2023 年 7 月第 1 版
印　　次：2023 年 7 月第 1 次印刷
定　　价：68.00 元

如发现印装质量问题，影响阅读，请与出版社（020-85716849）联系调换。
售书热线：（020）87716172

前　言

　　改革开放后，我国开始从计划经济体制向市场经济体制转型，建立了有效市场和有为政府相结合的中国特色社会主义市场经济体制，中国式现代化建设在各领域取得了举世瞩目的成果。新世纪以来，中国经济在世界经济体中的地位稳步提高，市场经济的"中国模式"或"中国经验"日益成为国内外学界共识。市场发展的中国模式具有自身的鲜明特征。地方政府在推动市场建设、地方产业结构转型升级过程中发挥了重要作用，同时也是中国经济增长奇迹的重要支撑。义乌和白沟分别是县级地方政府层面以专业市场带动地方经济发展和实现城镇化的典型代表，也是政府"有形之手"与市场"无形之手"有机结合发展市场经济的典型案例。

　　本书采用个案纵向分析方法，以改革开放以来义乌和白沟的专业市场发展为研究对象，从政府与市场关系角度出发，以地方政府市场治理为观察和分析视角，深入考察市场变迁中的市场秩序何以形成、地方政府如何通过发展专业市场带动地方经济社会发展，以期理解并解释市场结构变迁的社会建构和政府建构机制。

　　本书勾勒了义乌和白沟专业市场在改革开放以来的历史变迁过程，运用发展型治理理论框架对市场秩序演化的深层原因进行了解释。研究提出，市场的产生和发展是社会建构和政府建构互相推进的结果。在向市场经济深入转型过程中，义乌和白沟地方政府积极贯彻落实党中央、国务院及省市政府的相关决策，不断转换和塑造其在经济发展中的角色和职能，通过制度创新对市场进行发展型治理，不断释放市场活力，从而推动当地专业市场发展，驱动地方经济社会全面发展。研究客观描述和分析了义乌和白沟专业市场发展历程中呈现的地方政府市场治理的典型成功经验，希望可以为探索中国地方经济发展的一般性规律提供借鉴。中国县域、镇域地方经济的发展离不开地方政府对市场的发展型治理，在新时期推进治理体系和治理能力现代化的过程中，地方政府需要结合地方特色，持续打造发展型政府、服务型政府，奋力推进地方经济社会的高质量发展。

目 录

导　论

一、问题提出

改革开放四十多年来，在中国共产党的领导下，中国经济实力实现了大幅度提升，中国式现代化建设在各领域取得了举世瞩目的成果。中国特色社会主义市场经济体制的制度优势越发明显，特别是在应对 2008 年的世界性金融危机中，中国政府不仅有效抵御了金融危机，并在危机中取得了令人瞩目的经济发展成绩。2008 年金融危机后，中国一直是推动世界经济稳定增长的最主要的力量。中国政府治理市场的"有为"经验被西方国家广泛关注，他们不得不对中国模式刮目相看。多年来，国外对市场经济的中国模式一直有争论，"持续多时的争论中，人们关注的对象并不在于客观存在的中国模式，而是变成了要不要、该不该有中国模式的简单问题。毋庸置疑，争论已经过于政治化，甚至道德化"[①]。随着中国制度日益显露蓬勃生机，在国际社会中呈现日益强劲的影响力、吸引力和竞争力，国际社会对中国模式的制度优越性表达出广泛的认可。提出"历史终结论"的福山 2009 年提出："客观事实证明，西方自由民主可能并非人类历史进化的终点。随着中国崛起，所谓'历史终结论'有待进一步推敲和完善。人类思想宝库需为中国传统留有一席之地"[②]。

国内外学术界对中国模式的解释普遍强调了中国政府释放市场活力的发展

---

① 郑永年：《中国模式：经验与挑战》，中信出版社，2016 年，第 3 页。
② 弗朗西斯·福山：《日本要直面中国世纪》，《东方早报·上海书评》2009 年 9 月 20 日。

型政府的行为特征。弗雷格斯坦和张建军认为作为发展型政府的中央和各级地方政府是中国经济取得成功的重要动力，并且会继续推动中国经济发展。[①] 我国经济的发展在很大程度上受益于地方政府主动性与创造性的发挥，地方政府作为"竞争主体"参与区域经济竞争有效地推动了辖区内经济发展环境的改善与创新，促进了经济社会的发展。布洛克和埃文斯认为中国经济增长在于建构了一种基于本土社会结构之上的高度有效的政治经济体制，有力推动了国内市场经济制度逐步确定和资本市场逐步开放，并努力避免对社会弱势群体利益的侵蚀。[②] 一些学者从政府和市场企业间的关系网络角度考察其对中国经济增长的贡献。他们认为在中国转型过程中，政府主动构建的关系网络有效克服了中国转型期间基础设施落后、产权保护缺乏、资本市场低效和制度不确定性等不利因素，拓展了市场机会。[③] 倪志伟等在肯定政府和社会网络在中国经济发展中的作用基础上认为，政府通过清晰产权释放私营企业的活力是解释中国经济成长的重要因素。[④] 改革开放后，中国很多地区出现了不同类型的经济发展模式，例如苏南模式、晋江模式、温州模式、义乌模式、珠三角模式等。这些不同的发展模式具体特征虽然有差异，但几乎每个模式都离不开地方政府的积极引导与塑造。这些地区的有为政府正确处理政府与市场关系，建立符合地区要素禀赋优势的发展模式，推动了地方经济的繁荣。

以上解释从不同方面强调了在向市场经济转型过程中，中央政府及各级地

[①] Fligstein Neil& Jianjun Zhang, "A New Agenda for Research on the Trajectory of Chinese Capitalism", *Management and Organization Review*, 2011, 7（1）: 39—62.

[②] 弗雷德·布洛克、彼得·埃文斯:《国家与经济》，斯梅尔瑟、斯威德伯格主编，罗教讲、张永宏等译:《经济社会学手册》，华夏出版社，2009 年。

[③] Xin, Katherine R.&Pearce, Jone L, "Guanxi: Connections as Substitutes for Formal Institutional Support", *Academy of Management Journal*, 1996, 39（6）: 1641—1658.Wank D., *Commodifying Communism: Business, Trust, and Politics in a Chinese City*, Cambridge University Press, 1999. Mike W.Peng & Yadong Luo, "Managerial Ties and Firm Performance in a Transition Economy: the Nature of a micro-macro Link", *Academy of Management Journal*, 2000, 43（3）: 486—501.

[④] 倪志伟、郭佩惠:《自下而上的经济发展和国家的作用》，《国外理论动态》2013 年第 9 期。

方政府通过积极的制度创新完善市场治理机制,确保市场秩序稳定、资源配置有效。在中国特色社会主义市场经济体制确立过程中,地方政府在市场治理中发挥了何种作用?市场治理是由政府理性构建,还是多种力量共同建构?地方政府市场治理策略体现在哪些方面,有哪些值得总结和借鉴的经验?这些是理论层面和实践层面需要认真思考的重要问题。本研究以浙江义乌和河北白沟为案例,以义乌和白沟改革开放以来的专业市场变迁为研究对象,从政府与市场关系角度出发,以地方政府市场治理为观察、分析视角,深入考察专业市场历史变迁中的市场秩序何以形成、市场如何带动地方经济社会发展,以期理解并解释市场结构变迁的社会建构和政府建构机制。

县域经济是国民经济的基本单元,是推进共同富裕的关键环节。习近平总书记一直很关注县域经济发展,他深刻指出:县一级承上启下,要素完整,功能齐备,在我们党执政兴国中具有十分重要的作用,在国家治理中居于重要地位。[①] 县一级是发展经济、保障民生、维护稳定、促进国家长治久安的重要基础。[②] 因此,县域经济发展关系着我国经济高质量发展的全局。改革开放四十多年来,专业市场的产生和发展是我国广大人民群众和县级地方政府在建设中国特色的社会主义市场经济过程中的一个创举,解决了我国县域经济向市场化转型过程中的诸多问题,最终使其成为推动我国经济社会发展和人民生活水平不断提高的重要力量。从我国百强县县域经济发展的成功经验来看,专业市场在丰富产品销路、促进产业升级、带动就业、激活地方经济活力等方面均发挥了重要作用。在专业市场的发展带动下,部分地区围绕专业市场演化,最终形成了专业市场和产业集群相互促进推动地区经济发展的模式。[③] 义乌和白沟是县

---

① 《作风建设要经常抓深入抓持久抓 不断巩固扩大教育实践活动效果》,《人民日报》2014 年 5 月 10 日。

② 《习近平:做焦裕禄式的县委书记》,《学习时报》2015 年 9 月 17 日。

③ 史晋川:《制度变迁与经济发展:"浙江模式"研究》,《浙江社会科学》2005 年第 5 期。Ke, Ding,*Market Platforms, Industrial Clusters and Small Business Dynamics: Specialized Markets in China*, Edward Elgar, 2012. Marco Bellandi&Silvia Lombardi, "Specialized markets and Chinese industrial clusters: The experience of Zhejiang Province",*China Economic Review*, 2012, 23(3):626—638.

域范围专业市场和产业集群良性互动推动地区市场化和城镇化的典型代表。义乌和白沟的县域经济发展实践证明，地方政府的持续制度创新推动地方专业市场、产业的集群化发展，使义乌和白沟从不为人知的农业地区成长为全球知名的特色专业市场和特色产业聚集地。义乌和白沟地方政府不断根据外部制度环境变化重新界定政府与市场之间的关系，不断转变自身角色，从早期市场的打击者和破坏者逐步转变为市场的建设者、守护者、规制者与推动者，并根据新的角色定位转换政策范式，通过市场升级实现区域发展。而某些地方政府违背市场发展规律，盲目追求短期利益，并没有建立完善的市场治理机制，导致专业市场有场无市的事例屡见不鲜，给地方经济发展造成了巨大伤害。从义乌和白沟市场变迁的过程总结地方政府市场治理的经验，有助于探索可资借鉴的中国县域经济发展的一般性规律，为其他地区的发展提供启示和借鉴。

二、文献回顾

本研究从政府与市场关系角度切入研究义乌和白沟专业市场的变迁过程，这一过程涉及到中国由计划经济向市场经济转型的过程。在专业市场发展变迁的过程中，地方政府根据外部制度环境变化，发挥各方力量，对市场采取发展型治理措施，推动了专业市场的发展，建构出具有自身优势的要素禀赋，促进了地方经济的繁荣。鉴于此，本研究相关文献回顾主要包括四个方面：一是政府与市场关系，特别是我国地方政府行为研究的文献；二是市场社会学关于市场的社会建构方面的文献；三是专业市场研究的文献；四是要素资本化的文献。以下对这几类文献进行概括，并结合本文定位指出以往研究的不足之处。

（一）政府与市场关系研究

1. 政府与市场关系的理论源流

在既往研究中，就政府与市场关系政府所应该扮演的角色有四种看法：第一是古典经济学派强调政府仅仅作为守夜人（护卫之手），充分发挥市场机制的作用，实行自由放任的经济政策，政府仅履行产权保护、税收、财政支出等基本职能，不应干预经济。[①] 第二是强调政府对市场失灵的干预（扶持之手），政府干预可以解决市场机制下存在的垄断、外部性与公共物品提供等问题，政府通过对市场的干预可以纠正市场失灵的缺陷。[②] 第三是强调政府出于"经济人"特性追求自身利益最大化，具有掠夺社会倾向（掠夺之手），只要缺乏制约政府行为的社会力量，政府或者政治家会出现追求自身利益最大化的行为，会出现高税收、掠夺性管制、腐败等寻租现象，阻碍经济的增长。[③] 第四是传统市场社会主义，强调政府计划的社会主义经济的合理性，可以对资源进行最优配置（计划之手），认为经济活动的目的必须以政府的意志为取向。[④]

针对政府和市场的关系，学者之间一直有争论。第一波论战发生在亚当·斯密的市场自由学说与汉密尔顿的积极政府学说之间，具体则体现在美国建国年代杰斐逊与汉密尔顿两人的政治斗争中。这两人在政治经济思想方面的对立冲突对美国两党政治的影响甚至一直延续至今。[⑤] 亚当·斯密基于理性人的

---

① 亚当·斯密著，郭大力、王亚南译：《国民财富的性质和原因的研究》，商务印书馆，1972 年。约翰·穆勒著，桑炳彦、赵荣潜、朱泱等译：《政治经济学原理及其在社会哲学上的若干应用》，商务印书馆，1991 年。

② 凯恩斯著，徐毓枏译：《就业、利息和货币通论》，商务印书馆，1983 年。

③ 詹姆斯·M.布坎南著，平新乔、莫扶民译：《自由、市场与国家：80 年代的政治经济学》，上海三联书店，1989 年。安德烈·施莱弗、罗伯特·维什尼著，赵红军译：《掠夺之手：政府病及其治疗》，中信出版社，2004 年。

④ 奥斯卡·兰格著，王宏昌译：《社会主义经济理论》，中国社会科学出版社，1981 年。

⑤ 约翰·菲尔林著，王晓平、赵燕、黑黎译：《美利坚是怎样炼成的：杰斐逊与汉密尔顿》，商务印书馆，2015 年。

假设，相信借由社会分工与自由竞争，市场无形的手便可以给公众和国家带来利益。因此，亚当·斯密倾向于支持自由放任的哲学，主张政府应该尽可能少干预经济活动。但是汉密尔顿对等级制度和中央集权有特别的偏爱，主张政府特别是中央政府应该积极行动以更好稳定市场和更多获取税收。[①] 第二波论战的背景是 20 世纪初资本主义大发展和 30 年代大萧条时代的到来，围绕对资本主义经济危机的认识与政府是否应该干预市场，以哈耶克、米瑟斯等人为代表的奥地利学派和以凯恩斯等为代表的凯恩斯学派之间爆发了激烈的论战。[②] 凯恩斯学派认为市场是有缺陷或不完善的，需要政府适当的政策干预。政府作为一种经济治理的手段亦是不完美的，所以社会主义的统制经济体制也会导致经济的无效率。与此相对立，奥利地学派认为市场的自由竞争特性与政府的计划管制特点是两种性质完全不同的力量，二者无法如凯恩斯学派所说那样调和。政府的主要责任即是克制自己干预经济的冲动，尽力尊重和维护法治以保护市场的自由竞争特性。[③] 尽管凯恩斯学派和奥利地学派的争论直至今日尚未分出胜负，但凯恩斯学派有关宏观经济调控的思想和政策的确已经影响了大多数国家，成为观察政府与市场关系的重要视角。

与以上对于政府和市场关系的争论不同，后续其他学者强调政府和市场之间的互相补充和相互依赖。沃尔夫认为国家和市场都是不完美的，但是国家主导经济发展的体制要比市场主导的发展体制产生更多的问题和挑战。[④] 菲佛和萨兰基克认为政府和市场并不是互相排斥，相反，他们强调二者之间的相互依赖性。[⑤] 普沃斯基强调了市场的失灵，并且把国家作为核心分配机制，市场作为去

---

① Chernow Ron, *Alexander Hamilton*, Penguin Press, 2004.

② 尼古拉斯·韦普肖特著，闫佳译：《凯恩斯大战哈耶克》，机械工业出版社，2013 年。

③ 哈耶克著，王明毅、冯兴元译：《通往奴役之路》，中国社会科学出版社，1997 年。

④ 查尔斯·沃尔夫著，陆俊、谢旭译：《市场，还是政府：不完善的可选事物间的抉择》，重庆出版社，2007 年。

⑤ 杰弗里·菲佛、杰勒尔德·R. 萨兰基克著，闫蕊译：《组织的外部控制：对资源依赖的分析》，东方出版社，2006 年。

中心化的分配机制。① 坦茨也强调了政府在经济发展中的重要作用，认为政府与市场的有效结合是一国经济发展的重要前提条件，政府不仅纠正市场失灵，而且对于公共支出具有重要作用，这些公共支出对经济社会发展有重要价值。② 一些学者认为区分政府和市场究竟谁起主导作用没有意义，因为在经济发展中两者都是必不可少且相互补充的。③

其他一些学者强调了国家发展过程中，政府、市场和社会之间的有效平衡。诺思关于市场扩张的观点中，国家在提供用以界定和保护财产权的规则和法律中发挥重要作用，通过强调非正式规则在推动（或阻碍）发展中的重要性，他也清楚地指出市场不可能从社会中脱离出去。④ 波兰尼认为在发展市场经济的过程中，政府应该扮演积极角色，确保市场嵌入社会之中，避免市场脱离于社会。⑤ 布洛克和埃文斯认为成功的国家并不依赖于在政府和市场之间找到平衡状态，而是能够在政府、市场和社会之间建构出良性互动的体制。他们认为那些成功的国家之所以能够获取成功就在于革新了国家与市民社会关系的制度基础。⑥

2. 发展型国家与中国发展

发展型国家理论聚焦于探讨政府在经济发展中可能扮演的积极角色，特别注意研究日、韩等东亚地区新兴工业化国家发展的成功经验。约翰逊首先提出"发展型国家"的概念来解释日本经济在 20 世纪的奇迹。他认为日本政府在日

---

① 亚当·普沃斯基著，郦菁、张燕等译：《国家与市场：政治经济学入门》，格致出版社、上海人民出版社，2015 年。

② 维托·坦茨著，王宇等译：《政府与市场：变革中的政府职能》，商务印书馆，2014 年。

③ Nolan P., *China at the crossroads*, Polity Press, 2004.

④ 道格拉斯·C. 诺思著，刘守英译：《制度、制度变迁与经济绩效》，格致出版社、上海人民出版社，2008 年。

⑤ 卡尔·波兰尼著，冯钢、刘阳译：《大转型：我们时代的政治与经济起源》，浙江人民出版社，2007 年。

⑥ 《国家与经济》，《经济社会学手册》，华夏出版社，2009 年。

本实现资本主义和工业化方面发挥了重要作用。[①] 后来有一些学者尝试使用这一理论来解释亚洲四小龙的成功，但是这些学者普遍认为政府在完成工业化之后便不应继续主导经济的发展。[②]

埃文斯从经济社会学的角度进一步拓展了发展型国家理论。埃文斯发现转型国家工业发展的悖论，即"嵌入性自主性"问题。这里的"嵌入性"强调的是国家、市场与社会之间的密切关联，即政府机构理应通过政策与制度设计来服务于市场与社会。"自主性"强调政府机构的运转应该独立于市场和社会。布洛克和埃文斯认为，成功的转型国家必须是"嵌入性"和"自主性"的矛盾结合，政府机构既镶嵌于市场和社会中，也保持一定的独立性，如此才能保证在经济发展中的主导性。[③] 在具体实践中，这种矛盾结合的成功可能会受到一国历史因素的影响。[④] 埃文斯比较了巴西、韩国和印度经济的发展，认为在成功发展的案例中，国家都在推进工业发展上扮演了积极的角色。他还指出，为了发展成功的增长策略，国家需要拥有不受军队及其他社会团体限制的自主官僚体制；而在一些成功的发展案例中，为了获得有关工业及影响工业发展的信息，政府需要根植于社会网络中。[⑤]

3. 政府与市场关系视角下的地方政府行为研究

（1）地方政府经营行为研究

自 20 世纪 80 年代以来，地方政府参与地方企业经营行为成为普遍现象。马戎、刘世定、邱泽奇等学者认为，在改革初期，乡镇政府处于整个国家行政体系结构末端，可支配的资源十分有限，这使其不可能像县、市等上级政府那

---

① 查默斯·约翰逊著，金毅、许鸿艳、唐吉洪译：《通产省与日本奇迹——产业政策的成长（1925—1975）》，吉林出版集团有限责任公司，2010 年。《政府与市场：变革中的政府职能》，商务印书馆，2014 年。

② 禹贞恩编，曹海军译：《发展型国家》，吉林出版集团有限责任公司，2008 年。

③ 《国家与经济》，《经济社会学手册》，华夏出版社，2009 年。

④ 琳达·维斯、约翰·M.霍布森著，黄兆辉、廖志强译：《国家与经济发展：一个比较及历史性的分析》，吉林出版集团有限责任公司，2009 年。

⑤ 《国家与经济》，《经济社会学手册》，华夏出版社，2009 年。

样通过多种资源调动来弥补资源的短缺，只能通过开发本地资源来增加自主性，参与并支持乡镇集体和个体企业的经济活动就是乡镇政府发展地方经济的重要手段。[①] 从 80 年代到 90 年代中期，在直接参与乡镇企业的经营管理过程中，地方政府的角色介于政府与厂商之间，一些学者分别提出"地方法团主义""厂商型政府""地方性市场社会主义"等概念。戴慕珍认为，在我国市场转型过程中，地方政府既作为市场的监管者，也直接卷入经济活动中，参与市场经营活动，成为市场参与主体。[②] 通过掌握企业发展决定权、资源分配、投资与贷款等方式介入企业的经营运作，地方政府具有企业董事会的行为特征，使得政府和企业之间呈现出"地方法团主义"的关系形态。[③] 魏昂德从政府组织间关系分析角度，考察了财政体制改革背景下地方政府行为趋向于厂商行为，提出"政府即厂商"的观点，即地方政府的角色类似于辖区内地方企业的公司总部。[④] 魏昂德和戴慕珍一样，强调了"财政包干"和"分灶吃饭"的财政体制改革在对地方政府形成财政约束的同时，也激励地方政府直接经营乡镇企业来获取预算外财政收入。

倪志伟从他的市场转型理论出发，认为在市场机制条件下，那些以市场机制为主的组织（即私营公司）与非市场机制主导的企业（国有企业）相比更有竞争优势，更有可能快速增长。[⑤] 与以上学者不同，倪志伟认为私人激励的驱动是乡镇集体企业成功的原因。他认为地方政府通过管理合同与企业经理阶层实现了利益共享，地方政府实际上给经理阶层灵活的获利空间，把剩余控制权承

---

① 马戎、刘世定、邱泽奇主编：《中国乡镇组织变迁研究》，华夏出版社，2000 年。

② Oi Jean C, "Fiscal Reform and the Economic Foundations of Local State Corporatism in China", *World Politics*, 1992, 45（1）: 99—126.

③ Oi Jean C, "The Role of the Local State in China's Transitional Economy", *China Quarterly*, 1995, 144（144）: 1132—1149.

④ Walder Andrew G., Local Governments as Industrial Firms: An Organizational Analysis of China's Transitional Economy, *American Journal of Sociology*, 1995, 101（2）: 263—301.

⑤ Nee Victor, "Organizational Dynamics of Market Transition Hybrid Forms, Property rights, and Mixed Economy in China", *Administrative Science Quarterly*, 1992, 37（1）: 1—27.

包给了经理阶层，这种管理实践对经理阶层形成正向激励。倪志伟的解释强调了市场机制在推动乡镇企业发展方面的重要作用。

林南认为倪志伟市场转型理论和戴慕珍、魏昂德等人提出的地方政府法团主义都是经济机制的解释，他主张从组织内部协作、市场调节和地方政府协调来解释乡镇企业的发展，进而提出地方市场性社会主义概念。① 他重点强调了地方干部威权基础上的扩大的家庭社会网络在乡镇企业崛起中的作用。彭玉生从地方政府监督机制和倪志伟的市场竞争机制出发，使用同一个地区的国有企业、乡办企业和村办企业在 1993 年的数据，对企业绩效进行了严谨的实证分析。② 彭玉生修正了魏昂德的观点，认为是政府的市场间接监督而不是政府直接监督削弱了乡镇企业的代理问题，他认为法团主义应该引入市场治理机制来完善自身理论。

张静在研究乡村制度的过程中，提出"政权经营者"的概念，认为基层政权的公共地位赋予它对公共资源的垄断经营权，这使得基层政府实际上成为经济活动行动者，常常介入市场经营活动。③ 沿着张静的分析思路，杨善华和苏红进一步区分了在市场转型过程中乡镇政府的角色转变过程，提出"代理型政权经营者"和"谋利型政权经营者"两个概念，认为在财政体制改革的背景下，乡镇政府的角色逐渐从代理型政权经营者转变为谋利型政权经营者，乡镇政府逐渐发展成为独立的市场行动者，谋求自身经济利益。④

（2）政府与企业资源依赖研究

文克从私营企业与政府权力的关系角度出发，认为地方政府私营企业之

① Lin Nan, "Local Market Socialism: Local Corporatism in Action in Rural China", *Theory And Society*, 1995, 24（3）: 301—354.

② Peng Y. S., "Chinese villages and townships as industrial corporations: Ownership, governance, and market discipline", *American Journal of Sociology*, 2001, 106（5）: 1338—1370.

③ 张静：《基层政权——乡村制度诸问题》，浙江人民出版社，2000 年。

④ 杨善华、苏红：《从"代理型政权经营者"到"谋利型政权经营者"——向市场经济转型背景下的乡镇政权》，《社会学研究》2002 年第 1 期。

间建立了基于人际关系网络的互相依赖的资源依附关系，这种关系是双向的依赖关系，地方政府与私营企业之间形成了"共存庇护主义"的关系形态。他强调了不同的制度环境下地方政府与私营企业之间的相互依赖关系会发生变化。[①] 耿曙和陈玮的研究聚焦地方政府与外资企业的互动，分析了互动过程中的激励机制、行为及后果，认为二者间存在"双向寻租"互动。这种双向互动既有传统寻租企业逢迎政府，也有政府逢迎企业的"反向寻租"互动。反向寻租诱使地方政府提供大量优惠，以换取外资企业的投资落地。这种反向寻租会不断"自我强化循环"，从而造就了中国经济的奇迹。[②] 练宏讨论了国家内部制度安排和社会关系网络对政企之间互动过程的影响，他认为官僚体系内部的制度安排（例如"上大压小"、"抓大放小"策略的运用）使得规模较大的企业获得相对优势，地方政府部门工作和组织目标以大企业为核心。[③]

随着国家对农业和农村经济扶持力度加大，基层地方政府利用国家有关政策条件招商引资发展农村产业，资本下乡成本普遍现象。在这一过程中，政府和企业联合"经营村庄"。焦长权和周飞舟从地方政府依托弹性土地政策和财政专项资金角度分析了政府热衷于推进资本下乡的动力机制，认为基层政府正从"经营企业"转向"经营村庄"，应该防止村庄为资本所吞噬。[④] 荀丽丽和包智明的案例研究，认为在多种利益主体复杂的互动过程中，普通民众实际上处于政府权力与市场资本的双重控制之下，地方政府具有代理型政权经营者和谋利型政权经营者的双重角色，鼓励经济增长的政绩考核体系、财税体制带来的经济激励和地方政府寻租的冲动使地方政府很难在根本上克服"发展"冲动支配下

---

① Wank D., "The Institutional Process of Market Clientelism: Guanxi and Private Business in a South China City", *The China Quarterly,* 1996, 147: 820 - 838.

② 耿曙、陈玮：《政企关系、双向寻租与中国的外资奇迹》，《社会学研究》2015年第5期。

③ 练宏：《上下级互动、激励设计和政企关系》，北京大学2012年博士学位论文。

④ 焦长权、周飞舟：《"资本下乡"与村庄的再造》，《中国社会科学》2016年第1期。

的短期化经济行为。[①] 上述研究强调基层政权在财税激励和上级政府考核体系压力下，积极打造地方产业，经营自身辖区。这些研究验证了地方政府与企业特别是大企业存在资源依赖的共生庇护关系，并认为一旦处理不好二者关系会腐蚀村庄和地方经济发展。

（3）激励结构与地方政府行为

一些学者从地方政府的激励结构探讨地方政府行为的演化，认为地方政府在不同阶段基于制度条件，希望牢牢抓住经济发展的主导权。随着 1994 年以来的分税制改革，地方政府从 80 年代的"经营企业"为主逐渐过渡到"经营城市"为主。周飞舟通过中央和地方之间财政体制变化考察地方政府行为，强调分税制改革对地方政府行为的重要影响，认为分税制改革使得地方政府兴办企业变得越来越无利可图，地方政府通过土地出让获得财政收入的趋势越发明显。[②] 周黎安认为，基于政治晋升锦标赛和财政分成制度下形成的晋升激励和财税激励是驱动地方政府行为的重要因素。[③] 曹正汉和史晋川的研究表明，中国地方政府的主要行为目标和行为原则是抓住经济发展的主动权，90 年代地方政府的发展战略逐步从"经营企业"转向"经营辖区"；地方政府不再直接经营企业，而是转向经营土地。地方政府控制地区经济的方式也由"抓住办企业的权利"转向"抓住土地开发权"。中国经济正在形成一种地方政府对整个地区统一经营与私人企业分散经营相结合的双层经营体制。[④] 马明洁和冯猛以乡镇政权为

[①]　荀丽丽、包智明：《政府动员型环境政策及其地方实践——关于内蒙古 S 旗生态移民的社会学分析》，《中国社会科学》2007 年第 5 期。

[②]　周飞舟：《分税制十年：制度及其影响》，《中国社会科学》2006 年第 6 期。周飞舟：《从汲取型政权到"悬浮型"政权——税费改革对国家与农民关系之影响》，《社会学研究》2006 年第 3 期。周飞舟：《生财有道：土地开发和转让中的政府和农民》，《社会学研究》2007 年第 1 期。

[③]　周黎安：《晋升博弈中政府官员的激励与合作——兼论我国地方保护主义和重复建设问题长期存在的原因》，《经济研究》2004 年第 6 期。周黎安：《中国地方官员的晋升锦标赛模式研究》，《经济研究》2007 年第 7 期。

[④]　曹正汉、史晋川：《中国地方政府应对市场化改革的策略：抓住经济发展的主动权——理论假说与案例研究》，《社会学研究》2009 年第 4 期。

研究对象，认为地方政府在压力型体制和晋升激励下，对农民实施经营性动员，打造地方特色产业。[①]

（4）社会结构约束与地方政府行为

张静认为，地方政府作为独立行动主体在不断为自身营造自主性活动空间，地方政府处于国家权力和社会权力的中间位置，可以利用上下两边名义给对方施压以谋取自身利益。[②]这一分析思路强调以国家—社会作为分析框架研究地方政府行为，在强调了科层制内部制度约束的基础上，特别强调了社会结构因素对于地方政府行为的约束，实际上，地方政府在多重约束条件下实施自身行动。

与张静的研究结论类似，曹正汉和史晋川的研究表明，地方政府对市场的干预行为受到社会的非正式约束。他们认为，民间社会是约束地方政府行为的重要力量，尽管这种自下而上的要求常常与法律的规则发生冲突，但地方政府出于社会稳定等方面的考虑不得不在一定程度上接受民众的要求，民间社会成为不同于正式法律的另一种规则来源。[③]吕方明确提出关于地方政府行为的"治理情境分析"思路，地方政府行动不仅受到经济和政治的激励，而且面临着其他方面尤其是社会层面的约束，这些制度环境正在不断发生变化，随着行政体系的理性化和政策对象利益意识的觉醒，基层政府面临着越来越高的行政风险。[④]向静林以温州民间接待服务中心为例，提出在我国法律不完备程度较高、政府对政治风险又高度敏感的制度环境下，经济风险向政治风险转化可能性高，

---

① 马明洁：《权力经营与经营式动员——一个"逼民致富"的案例分析》，清华大学社会学系主编：《清华社会学评论特辑》，鹭江出版社，2000年。冯猛：《基层政府与地方产业选择——基于四东县的调查》，《社会学研究》2014年第2期。

② 张静：《基层政权——乡村制度诸问题》，浙江人民出版社，2000年。

③ 曹正汉、史晋川：《中国民间社会的理：对地方政府的非正式约束——一个法与理冲突的案例及其一般意义》，《社会学研究》2008年第3期。

④ 吕方：《治理情境分析：风险约束下的地方政府行为——基于武陵市扶贫办"申诉"个案的研究》，《社会学研究》2013年第2期。

成为地方政府治理市场过程的重要约束力量。①

4. 总结与讨论

2008 年全球金融危机之后，国内外学术界关于政府和市场关系开始了新一轮争论。实际上，处理政府与市场关系是如何解决政府失灵或市场失灵问题，而不同国家在历史传统、经济发展水平、资源禀赋等方面有较大差别。因此，一个国家应该根据自身发展情况的变化相应调整政府市场关系。中国政府在改革开放后，一直不断推进市场化改革，并随着环境变化不断调整政府与市场的关系。对于中国经济模式的解释，发展型政府论、市场放权论和关系共生论的理论概括是基于中国某些地区、某些行业或者某种类型公司的特征得出。由于中国经济系统的复杂性，这些理论很难抽象出中国经济发展的全貌。例如，义乌和绍兴同属浙江省，但政府对专业市场控制力不同，义乌政府牢牢把握市场建设的主导权，绍兴政府对市场的控制力则较弱。

地方政府行为研究强调了多维制度环境及其变动性对于地方政府的激励和约束，有三个因素对于地方政府行为有重要影响：第一，官僚体系内部激励机构。地方政府的行为激励和约束主要来自中央政府自上而下设置的制度，随着激励和约束制度的变化，地方政府与市场的关系形态会有变化。第二，地方政府与企业的关系是考察地方政府与市场关系之间的一个核心关注点，地方政府与企业之间常常存在资源依赖关系，企业特征（规模、所有制类型、行业特征等）影响政府对企业依赖程度。第三，地方政府干预市场的行为还受到地方社会关系结构的影响，换言之，政府与市场主体的关系嵌入在社会结构中。

整体来看，已有理论研究存在以下问题：第一，集中于考察财政激励和干部考核等科层制内部自上而下的激励结构对地方政府行为的影响，对政府与市场关系背后的社会因素挖掘较少，特别是市场主体等社会结构性力量对政府角

---

① 向静林：《风险转化与政府卷入——以温州民间借贷服务中心为例》，北京大学 2015 年博士论文。向静林：《市场纠纷与政府介入——一个风险转化的解释框架》，《社会学研究》2016 年第 4 期。

色和行为的影响。第二，强调政府上下级内部激励对地方政府行为的影响，却忽视了外部促发因素对地方政府行为的激励和约束。第三，倾向于对地方政府的结构性角色进行静态描述，而较少关注政府与市场主体互动的演化过程，也缺少对地方政府行为历史演化过程的系统分析。

（二）市场社会学

1. 市场的界定

市场一直是经济学的核心议题，在斯威特伯格看来，经济学内部对于市场的界定主要存在以下视角：第一，古典经济学视角，把市场作为具体场所。重点关注的是生产而不是交换，把市场看作各种利益碰撞且能达成共识的场所。第二，新古典经济学的视角，把市场作为价格机制。[①] 古典经济学的市场一直是以具体化而实在的方式存在的，新古典经济学的市场变成了抽象的价格机制和资源配置机制，是买者、卖者相互作用并共同决定商品、劳务的价格与交易数量的机制。[②] 第三，奥地利学派的视角，既不认为市场是一个具体化的场所，也不认为市场是一种抽象的机制，而认为市场是一个过程。在劳动分工的条件下，市场产生于不同个体间协作行为的相互影响之中。市场是由于缓慢、历史的发展导致的自发而无意识的结果。第四，新制度经济学的视角，把市场作为一种制度安排。新制度经济学将交易作为分析的基本单位，认为市场是人们组织交易的制度结构或合约安排。市场是方便交换而存在的制度，其存在是为了节约交易费用。[③] 威廉姆森从合约的角度出发，认为市场是一种治理结构。[④]

与经济学的多元化理论不同，无论分析侧重点有何不同，市场社会学各个

---

① Richard Swedberg, *Principles of Economic Sociology*, Princeton University, 2003.

② 保罗·萨缪尔森、威廉·诺德豪斯著，萧琛主译：《经济学》，商务印书馆，2013年。

③ 罗纳德·H. 科斯著，盛洪、陈郁译校：《企业、市场与法律》，格致出版社、上海人民出版社，2014年。

④ 奥利弗·E. 威廉姆森著，段毅才、王伟译：《资本主义经济制度》，商务印书馆，2004年。

流派将市场视为一种社会结构已经成为共识，即把市场看作以企业、员工、供应商、消费者和政府之间的广泛社会关系为特征的社会结构。[①] 从市场社会学内部流派来看，主要存在三个分析思路。第一，强调市场的关系网络特征，关系网络决定人们的行为选择，经济活动即市场制度的创建。第二，强调市场制度作为具体的场域所具有的等级和权力结构特征，关注特定市场地位等级结构、企业治理和组织模式是如何变迁的。第三，强调市场的文化建构特性，认为市场中各要素通过文化实践而转变为经济对象，商品和服务等都是文化过程的结果。[②] 市场社会学将市场界定为以社会关系为特征的一种社会结构，为我们提供了一种重要的观察和分析视角。市场制度包括相应的产权界定、治理结构和交易规则。[③] 市场社会学的嵌入性视角和制度主义视角对本研究有重要参考价值。

2. 嵌入性视角

波兰尼和格兰诺维特是嵌入性视角的代表人物，但二者的嵌入性含义存在差别：波兰尼关注的是市场的整体性嵌入，格兰诺维特则强调市场的关系网络嵌入。

波兰尼从整体性嵌入的视角出发，在市场、社会与国家的关系中讨论市场的嵌入性问题。他认为，欧洲近代以来的一个重大转型在于，原本嵌入于社会的市场有一种自发调节的"脱嵌"和扩展冲动，改变了市场与社会的关系，推动整个人类社会进入市场社会，即市场原则在经济以外的政治、文化和社会领域都发挥作用。[④] 市场社会意味着要让社会的运作从属于市场。不过，波兰尼指出，这种"自发调节市场"的运动扩展，是与其对立面"社会的自我保护运动"（即反向运动）共存的。随着"自我调节市场"的发展，社会就会试图保护自

---

① 尼尔·弗雷格斯坦著，甄志宏译：《市场的结构：21世纪资本主义社会的经济社会学》，上海人民出版社，2008年。

② 维维安娜·泽利泽著，姚泽麟等译：《道德与市场：美国人寿保险的发展》，华东师范大学出版社，2019年。Abolafia Mitchel Y., *Making Markets*, Harvard University Press, 2001. Levin Peter, "Culture and Market: How Economic Sociology Conceptualizes Culture", *The Annals of the American Academy of Political and Social Science*, 2008, 619（1）：114—129.

③ 《市场的结构：21世纪资本主义社会的经济社会学》，上海人民出版社，2008年。

④ 《大转型：我们时代的政治与经济起源》，浙江人民出版社，2006年。

己，将市场重新置于社会控制之下的趋势就会越明显。另外，波兰尼强调了国家在市场和社会的双向运动中的重要角色。在他看来，国家是处于社会与市场之上的第三方。一方面，国家要为市场经济的发展创造条件；另一方面，国家要对市场过分侵蚀社会的行为进行管制，以保护社会整体利益。

一方面，波兰尼的概念体系（如国家、市场、社会）较为抽象与宏大，更多的是一种社会思想，缺乏分析性概念和逻辑命题。相较而言，格兰诺维特的关系嵌入性视角显得更为微观、具体和富有可分析性。[1]格兰诺维特强调社会关系属性和结构对于经济行为、关系和制度的影响。[2]与威廉姆森的观点不同，格兰诺维特认为交易的二元关系本身嵌入在更广泛的社会关系体制中；新古典式的无声无息的市场在实际经济生活中并不存在，一切种类的交易都充盈着社会关联。在交易规则和市场秩序方面，关系嵌入性视角强调具体的个人关系及结构（或网络）在产生信任和防范违法上的作用。

之后的研究者探讨了嵌入在不同行动者之间的社会关系网络提高经济绩效的诸多情形。格兰诺维特的嵌入性概念的操作性并不明确，他的学生乌兹提升了嵌入性这一概念的可分析性，进而推动这一理论概念向纵深发展。乌兹认为嵌入性是一种塑造动机和期望并且促进彼此协调适应的交换逻辑，这个逻辑的独特性在于行动者并不自私追求眼前利益，而是集中在培育长期的合作关系。[3]乌兹区分了市场和嵌入两种不同关系，认为两者有效结合形成"整合网络"更有利于市场商业运作。

3. 制度主义视角

市场制度主义范式把国家或政府看作有相当理性与认知能力的自主行动者，

---

① 刘世定：《嵌入性与关系合同》，《社会学研究》1999 年第 4 期。

② Granovetter M., "Economic Action and Social Structure: the Problem of Embeddedness", *American Journal of Sociology,* 1985, 91（3）: 481—510.

③ Uzzi B., "Embeddedness in the Making of Financial Capital: How Social Relations and Networks Benefit Firms Seeking Finance", *American Sociological Review* , 1999, 64（4）: 481—505.

作为理性行动者的政府通过特定的产业政策和制度建构，可以主导产业的发展方向。在宏观层面，道宾从不同国家政治文化的差异角度去解释不同国家的产业实践。① 政府可以动员社会资源，利用非市场的产业治理机制提升产业优势，促进产业升级与转换。② 在市场制度主义范式看来，通过政府积极干预市场运行，能够起到有效地弥补市场失灵的不足作用，因此，政府合理的产业引导和适度的产业干预行为可以实现较好的产业绩效。

市场的制度主义理论认为国家建设和市场建设是一个互动的、不可分割的过程。根据西方资本主义国家产业发展的经验，每当产业与市场受到外部条件的干扰，处在波动期的时候，交易的各方最终都会将企业推向国家，国家在创造市场稳定性时，允许企业使用多种治理机制去处理竞争和冲突，或者直接干预市场行为以达到稳定的目的。按照坎贝尔等人的观点，国家可以通过直接或间接影响治理机制的选择来构架经济。③ 除了市场自身机制、政府干预，制度主义范式强调非市场治理机制的意义。在西方，一方面政府支持非市场治理机制，鼓励私人企业的自律性，并为这种自律提供一定的自治空间。政府也经常把这些非市场治理机制作为实施公共产业政策的工具。对于解决市场失灵的问题而言，非市场治理机制是政府直接管制的一个替代。另一方面，政府也必须监督非市场治理机制，以便确保非市场治理机制不会侵犯公共利益。④

弗雷格斯坦对市场制度的社会建构分析，采用的是综合性的制度分析框架。弗雷格斯坦认为："市场社会学首先一定要对市场、市场参与者、市场周边行动者的所作所为提出一种独特的社会学解释，并且这种解释要将社会关系、权力

① 弗兰克·道宾主编，张网成、张海东译：《打造产业政策：铁路时代的美国、英国和法国》，上海人民出版社，2008年。
② 高柏著，安佳译：《经济意识形态与日本产业政策：1931—1965年的发展主义》，上海人民出版社，2008年。
③ 坎贝尔、霍林斯沃思、林德伯格著，董运生、王岩译：《美国经济治理》，上海人民出版社，2009年。
④ 高柏：《中国经济发展模式转型与经济社会学制度学派》，《社会学研究》2008年第4期。

和意义作为核心要素"[1]。他将利益和权力的争夺纳入市场制度的社会建构分析中，提出了一个"危机产生—利益分布—文化框架—共识达成—市场建构"的分析框架，着重分析了市场行动者面对危机，如何在已有制度约束下通过行动者博弈达成共识构建新的市场制度。他认为，市场形成需要规则，这些规则是通过复杂政治过程产生共识，促进经济交易发生而最终形成的。弗雷格斯坦提出"政治—文化"综合分析框架，将市场的形成、稳定和转型过程刻画成一个政治和文化过程。这一分析框架中，政治维度意在强调国家建设对于市场建设的影响，以及市场稳定化和交易规则形成过程中的权力、利益斗争过程；文化维度则强调市场行动者之间关于彼此之间的市场地位、竞争方式、交易规则等方面的共同认知（即控制观）的形成过程。弗雷格斯坦的综合分析框架对于全面理解市场的动态发展过程具有重要启发价值。第一，将市场视为政府、企业和民众等所有参与主体之间广泛社会关系网络所形成的一种社会结构。第二，非常重视政府在市场规则建构和市场运作过程中的作用及相应的政治过程。第三，重视市场参与主体之间的利益博弈和共享认知观念的达成，为交易规则和市场秩序的形成过程提供了一种分析路径。这一分析框架的问题在于，政治维度和文化维度的划分过于抽象，政治和文化结合的分析框架似乎可以用来解释很多现象，但具体理论边界和解释有效性可能存在问题。

（三）专业市场研究

施坚雅研究了中国的集市，认为中国的集市有着强烈的地方传统，每个集镇都有集市，集镇辐射周围五至十个村庄，商人往返于各集镇的集市之间，实现商品的交换。在施坚雅看来，农村集镇是农村居民从事农业和商业活动的区域，并作为城市和农村地区进行交易的中介。[2] 布罗代尔把市场交易活动场所划

---

① 尼尔·弗雷格斯坦著，甄志宏译：《市场的结构：21世纪资本主义社会的经济社会学》，上海人民出版社，2008年。

② 施坚雅著，史建云、徐秀丽译：《中国农村的市场和社会结构》，中国社会科学出版社，1998年。

分为集市（间歇性市场）、商铺和交易会三种形式，而集市是最公正的交换形式，也是所有交换中占比最大的交换形式，随着交换的扩展，会在露天集市环境中产生专业性集市。[①] 布罗代尔的分析揭示了集市的早期形态和在经济生活中的作用，并揭示了集市贸易扩大后专业化分工下的专业集市的形成。

国内学者对专业市场的研究始于 20 世纪 80 年代初，背景是农村推行家庭联产承包责任制，农村工业化、乡镇企业和民营经济的发展。费孝通首先提出了专业市场现象，他认为温州模式是专业市场和家庭工业结合的典型，专业市场促进了农村专业化分工，家庭工厂生产的"小商品"通过专业市场的渠道占领了"大市场"。[②] 已有研究大致可以分为以下几类。

1. 关于专业市场兴起的解释

20 世纪 80 年代以来，以义乌为代表的专业市场兴起，有效推动了产业和区域经济的发展。[③] 对专业市场兴起的解释主要有以下几个理论视角。

一是从新制度经济学视角出发，认为专业市场是一种创新性制度，并把新制度经济学和交易费用理论引入了专业市场机制的分析。金祥荣从节约交易费用的角度来解释专业市场产生的经济原因，认为专业市场是一种有利于非规模化的中小企业节约交易费用的制度安排，通过外部化的交易来节约企业间的交易费用。[④] 郑勇军认为，专业市场可以为企业提供共享的外部销售网络，中小企业只需支付较低的交易费用，是一种具有明显相对比较制度优势的制度安排。[⑤] 罗卫

---

① 费尔南·布罗代尔著，顾良、施康强译：《十五至十八世纪的物质文明、经济和资本主义》，生活·读书·新知三联书店，2018 年。

② 费孝通：《温州行》（上），《瞭望》1986 年第 20 期。

③ 史晋川：《制度变迁与经济发展："浙江模式"研究》，《浙江社会科学》2005 年第 5 期。陆立军：《"义乌模式"的成因及其与"浙江模式"的关系》，《财经论丛》2008 年第 4 期。张海霞、汪宇明、张旭亮等：《中国的专业市场推动型区域发展模式探讨》，《开发研究》2008 年第 2 期。Marco Bellandi&Silvia Lombardi, "Specialized markets and Chinese industrial clusters: The experience of Zhejiang Province", *China Economic Review*, 2012, 23（3）:626—638.

④ 金祥荣、柯荣住：《对专业市场的一种交易费用经济学解释》，《经济研究》1997 年第 4 期。

⑤ 郑勇军：《浙江农村工业化中的专业市场制度研究》，《浙江社会科学》1998 年第 6 期。

东从制度变迁角度分析了专业市场起源，认为东南沿海地区以轻工业加工为主导的农村工业化模式与数量众多的地方产业群对专业市场有着强烈的制度需求，因此这种诱导性制度变迁推动了专业市场和产业集群互动式发展。[1] 张军从我国市场转型时期流通领域的产业分工的角度，指出 80 年代兴起的专业市场促使各地乡镇企业在产品销售领域形成对供销社的依赖性，这种新的分工和合作契约促使地方产业建立自己的比较优势。[2] 史晋川用新兴古典经济学的规模经济与范围经济来研究专业市场的兴起，认为作为一种共享式交易网络的专业市场，其所产生的规模经济与范围经济使其迅速成长；东南沿海与内地之间制度的差异使得一些区域的经济主体在一定阶段获取高额的"制度租"，正是凭借这类"制度落差"，专业市场才得以发展壮大。[3] 这种对专业市场兴起的功能主义的取向被批评用发展成果来追溯原因，忽视了市场内部的信任、社会网络和政府支持等因素的作用。[4]

二是从政府和市场关系视角出发，认为有为或者发展型政府是推动专业市场兴起的重要动力。一些国外学者从地方政府和市场的关系演化角度来看专业市场的发展，他们认为传统的从庇护主义或掠夺者的视角来看中国地方政府的行为是有问题的，强调要把地方政府作为理性行动者去看，地方政府在专业市场不断升级改造过程中发挥了重要作用，地方政府是推动地方经济发展的助推器。[5] 刘成斌从政府对市场治理角度出发解释义乌小商品市场的发展，认为政府对市场活力的释放和秩序规制保证了市场在变迁过程中持续发展，政府对市场

---

① 罗卫东：《改革开放以来浙江现代化进程的回顾与展望》，《浙江学刊》2000 年第 6 期。

② 张军：《增长、资本形成与技术选择：解释中国经济增长下降的长期因素》，《经济学》2002 年第 2 期。

③ 《温州模式：一种新古典区域的工业化模式？》，毛增余主编：《与中国著名经济学家对话（第八辑）》，中国经济出版社，2005 年。

④ 刘米娜、丘海雄：《基于学科视角的专业市场集群形成机制研究述评》，《经济地理》2011 年第 7 期。

⑤ Marc Blecher, Vivienne Shue, "Into Leather State-led Development and the Private Sector in Xinji", *China Quarterly*, 2001, 166：368—393. Guiheux, Gilles, "The Transformation of an Urban Economic Area in Hunan Province：From state enterprise to a specialised market", *China Perspectives*, 2006, 49：1—17.

的有效治理机制是市场成功的重要原因。① 郑勇军认为在财政联邦制的体制下，发展专业市场可以增加当地政府财政收益，繁荣地方经济，政府通过为专业市场营造良好体制环境及直接参与市场的组建推动了专业市场的兴起。② 这一视角强调了地方政府有为、明智的一面，却忽视了地方政府作为独立行动主体行为和角色的复杂性，另外，在专业市场产生和演化过程中，这一视角缺乏对农民和商人群体自发力量的重要作用的分析，也缺乏对社会力量之间互动机制的解释。

　　三是从社会网络、政府、文化等因素出发探讨专业市场兴起的社会因素。沈原研究了白沟市场的起源和发展过程，认为经济学所谓的最优条件等经济因素来解释市场的诞生缺乏效力，白沟案例表明市场的兴起是商民、农民和干部三种主要社会力量建构的结果。他认为应该引入文化传统、社会力量和权力运作等"非经济因素"解释市场的发展。③ 刘世定探讨了白沟市场兴起过程中厂商和市场的关系，白沟市场的兴旺并不是经济学意义上的"大市场大厂商"的格局，而是"聚集的大规模市场"和"密集的人际关系网络"等组织因素促成了白沟"大市场小厂商"的格局，密集的关系网络和彼此之间的信任关系促进小厂商之间生产的技术扩散、生产过程有效分工合作，在与专业市场密切关联的过程中，形成了产业与专业市场相互促进的发展格局，给小厂商的生存和发展提供了必要条件。④ 李淼研究了白沟市场的兴起，他认为代表社会的乡村利益共同体和代表国家的基层政权之间的正和博弈是市场兴起和农村现代化的主要动力。⑤ 甄志宏、高柏和冯秋石以义乌小商品市场发展为研究对象，认为义乌市场

①　刘成斌：《活力释放与秩序规制——浙江义乌市场治理经验研究》，《社会学研究》2014年第6期。

②　郑勇军：《浙江农村工业化中的专业市场制度研究》，《浙江社会科学》1998年第6期。郑勇军：《解读"市场大省"——浙江专业市场现象研究》，浙江大学出版社，2002年。

③　沈原：《市场、阶级与社会：转型社会学的关键议题》，社会科学文献出版社，2007年。

④　刘世定：《市场与市场》（未刊稿），2002年。

⑤　李淼：《乡村利益共同体与基层政权的正和博弈》，南开大学2004年博士论文。

的兴起是国家和市场之间互相推进的过程，政府结合形势变化，不断构建发展要素，从而推动了专业市场的建设。[①] 符平认为当地市场秩序的形成与市场的发展并不是基于有为政府的作为，而是商人群体内部达成的共识、经济理念、经济惯例和商业信誉观的转变，直接造成市场的结构和秩序变迁，使得稳定的交易成为可能。[②]

2. 关于专业市场衰落的研究

布罗姆利认为在西方发达国家工业化早期的经济发展中，专业市场发挥了重要作用；随着工业化过程中企业生产规模扩大，厂商逐渐脱离原有的专业市场开始创建自己的品牌营销网络，专业市场开始衰落。[③] 一些西方学者基于欧美国家发展经验，认为随着企业自身品牌化运作的开展，会形成对专业市场的替代。[④] 王汉文、张旭昆等从交易费用角度分析专业市场的生命周期，认为从市场本身制度演化发展的内在规律来看，专业市场被交易费用更低的市场制度所代替是一种必然。[⑤] 罗卫东基于浙江省早期专业市场发展的经验，认为专业市场本身是一种与工业化早期阶段相适应的交易方式，随着中国经济改革的深入发展，更现代化的交易方式将会替代专业市场。[⑥] 以上研究认为具有先发优势的专业市场已经走向生命周期的衰退期，将会被更有效的市场组织网络替代。

刘少杰的研究团队从专业市场交易秩序角度研究了北京、长春和湖南等地的专业市场，提出了"陌生关系熟人化"和"熟悉关系陌生化"两个概念，前

---

① 甄志宏、高柏、冯秋石：《政府建构还是市场建构：义乌小商品市场的兴起》，《社会科学研究》2016 年第 3 期。

② 符平：《市场秩序如何从失序走向有序 —— 惠镇石料市场个案研究》，《华中科技大学学报（社会科学版）》2013 年第 2 期。

③ Bromley R.，"Markets in the Developing Countries: A Review"，*The Geography*，1971，56（2）：124—132.

④ Kowaleski M.，*Local Markets and Regional Trade in Medieval Exeter*，Cambridge University Press，1995. Pine B. J.，*Mass Customization: The New Frontier in Business Competition*，Harvard Business School Press，1999.

⑤ 王汉文、张旭昆：《专业市场的分类及具生命周期》，《中共浙江省委党校学报》1998 年第 3 期。

⑥ 罗卫东：《改革开放以来浙江现代化进程的回顾与展望》，《浙江学刊》2000 年第 6 期。

者可以起到建构诚信交易和稳定交易秩序的积极作用，而后者则可能为欺诈性交易提供方便。中关村电子交易市场由于信息不对称经常会发生"转型交易"等欺诈性交易行为，通过陌生关系熟人化，培养诚信观念，可以减少欺诈行为，并形成行动者之间协调的交易秩序，避免市场的衰落。① 陈氚以"操演性"理论视角研究中关村电子产品交易市场引入电子报价系统试图解决信息不对称和欺诈问题，实现对市场交易秩序的重构，但由于运营商、商户等行动者之间已有利益格局导致行动者集合出现偏差，电子报价系统引入失败，市场交易秩序依然混乱，最终导致专业市场的衰落。② 王水雄以中关村电子交易市场为研究对象，重点分析商城、商户和消费者等行动者之间的博弈结构。由于市场应有的管理主体的缺失，各商城和商户经营机会主义行为猖獗，市场的信誉机制未能建立，造成了典型的"公地悲剧"。③

3. 总结与讨论

已有专业市场研究有以下特点：一是以改革开放以来农村商业化、工业化与民营经济的发展为宏观背景，把专业市场作为一种制度创新研究其兴起与发展，并考察其与区域经济发展、产业集群等之间的相互促进关系。二是社会学已有研究重点关注专业市场作为社会结构的特点，并重点关注各行动主体间的互动、利益分化过程对市场形成、市场秩序的影响。

已有研究主要问题在于：一是受西方专业市场消亡论影响，对专业市场进

---

① 刘少杰：《陌生关系熟悉化的市场意义——关于培育市场交易秩序的本土化探索》，《天津社会科学》2010年第4期。张军：《"转型交易"的道德根源——基于ZGC电子市场的实地研究》，《江海学刊》2011年第5期。刘少杰：《中国市场交易秩序的社会基础——兼评中国社会是陌生社会还是熟悉社会》，《社会学评论》2014年第2期。王国伟、赵方杜：《市场交易关系中的信息权力及其影响——以Z电子市场中的"转型交易"过程为例》，《福建论坛》（人文社会科学版）2014年第4期。
② 陈氚：《"操演性"视角下的理论、行动者集合和市场实践——以重构中关村电子产品市场的失败为例》，《社会学研究》2013年第2期。
③ 王水雄：《有效的信誉机制为何建立不起来？》，刘世定主编：《经济社会学研究（第二辑）》，社会科学文献出版社，2015年。

化为现代流通业的趋势估计不足，导致 2000 年以后对专业市场的研究有所减少。二是传统的经济学视角更偏重从经济功能角度解释专业市场的兴衰及运行效率，缺乏对专业市场中不同利益相关行动者间互动机制的分析。三是更多从静态把握专业市场秩序，缺乏对专业市场长时间段动态演化过程中利益群体分化和博弈的研究。

（四）资产的资本化

1. 资本与资本化

费雪在 1906 年出版的《资本和收入的性质》中，强调了资本的生息属性，认为资本是能在一段时期内提供服务的财富——包括土地、机器、建筑物、原材料、自然资源、人的技能等。[1] 他通过资产所产生的收入和收入流来理解资本，认为资本是资产的现时市场价值，是未来收入的折现或者收入的资本化。近代以来，对资本概念的理解主要沿着两条路径：一种是把资本理解为一种生产要素，另一种是把资本作为与市场经济活动相联系的价值实体。这两条路径都和亚当·斯密研究有联系。亚当·斯密把资本看作是与土地、劳动不同的生产要素，它既是收益的源泉，又是和市场相联系的。[2]

社会学更倾向于把资本和市场联系在一起。马克思强调了资本的循环和增值。邱泽奇等人把资本界定为凝聚以往投入而形成的、具有市场进入机会、因而能够通过市场获益的资产。它既是要素，也是特定的社会机制。在一定意义上，我们也可以将之视为内含特定社会机制的发展要素。

索托关注资产转化为资本及其影响，并强调"取得真正所有权"进而将资产转化为资本对穷人摆脱贫穷的意义。他认为，世界各地的穷人实际上掌握着各种形态的资产，因为这些资产由于各种原因无法进入市场，所以都是"僵化"

---

① 欧文·费雪著，谷宏伟、卢欣译：《资本和收入的性质》，商务印书馆，2017 年。

② 邱泽奇、张树沁、刘世定等：《从数字鸿沟到红利差异——互联网资本的视角》，《中国社会科学》2016 年第 10 期。

的资本。[1]

在经济学史上，马克思最早提出了收益资本化的思想，"任何一定的货币收入都可以资本化，也就是说，都可以看作一个想象资本的利息"。[2] 也就是说，当一项能够带来收益的权利进入市场流通并在市场上自由交易时，这种收益权利就被资本化了。邱泽奇等人认为资产转化为资本的过程，即资产获得市场进入机会的过程，而促使资本增长的途径有两条：提高资本化程度和增加资产数量。[3]

2. 国有土地资本化与财政激励

土地是 20 世纪 90 年代以来中国经济增长的核心要素资源，而国有土地资本化为我国高速发展的工业化和城市化积累了大量发展资本。部分学者把财税激励作为地方政府推动国有土地资本化的诱因。周飞舟认为，分税制以后中国城市化进程加快，地方政府更大规模兴建城市基础设施，并推动土地资源的出让，这都是地方政府在分税制约束下主动寻求发展的表现，土地出让收入成为地方财政主要来源。[4] 他认为分税制改革深刻地影响了地方政府经济发展模式，土地成为地方政府发展经济的核心资源，地方政府在经营土地过程中形成了推动地方经济和财政收入增长的新发展模式。[5] 孙秀林和周飞舟在后续研究中，用经验数据验证了土地财政与分税制之间的关系。[6] 杨帅和温铁军把地方政府推动土地资本化的过程放在更长时间段考察，认为改革开放以来三次经济危机促发了财政体制的变迁，并相应发生了三次大规模"圈地运动"，地方政府依次形成

① 赫尔南多·德·索托著，于海生译：《资本的秘密》，华夏出版社，2012 年。
② 《资本论（第三卷）》，人民出版社，2004 年，第 702 页。
③ 《从数字鸿沟到红利差异——互联网资本的视角》，《中国社会科学》2016 年第 10 期。
④ 周飞舟：《生财有道：土地开发和转让中的政府和农民》，《社会学研究》2007 年第 1 期。
⑤ 周飞舟：《从汲取型政权到"悬浮型"政权——税费改革对国家与农民关系之影响》，《社会学研究》2006 年第 3 期。周飞舟：《大兴土木：土地财政与地方政府行为》，《经济社会体制比较》2010 年第 3 期。
⑥ 孙秀林、周飞舟：《土地财政与分税制：一个实证解释》，《中国社会科学》（英文版）2013 年第 4 期。

了"以地兴企"、"以地生财"和"以地套现"三个发展阶段。[①]

3. 土地资本化的后果

土地财政的背景下，一些学者对土地资本化与产业结构演变进行了研究。周飞舟认为，分税制改革后地方政府收入来源从工业化转向城市化获得土地资本化过程中的增值收益。[②]曹广忠等认为地方政府在政绩压力下，土地出让向能够产生高税收的工业和建筑业出让，使地方产业结构过度工业化和房地产化。[③]王贤彬的研究认为制造业和房地产业之间对于土地使用存在竞争效应，在经济产出和地方财政收入的双重目标下，地方政府会策略性调整对房地产业与制造业的土地出让。[④]陶然等人认为地方政府在工业和商业用地上采用截然不同的策略，向主动招商引资的工业企业提供廉价土地，通过"招拍挂"等竞争性更强的方式出让商住用地，对工业用地的大规模投入会造成区域间产业趋同，国内制造业生产能力过热，不利于产业升级 和经济增长方式调整。[⑤]彭昱认为土地资本不断上升，会导致生活成本升高，降低制造企业的市场竞争力。[⑥]

一些学者研究了土地资本化对于城乡间、地区间和群体间收入的影响。文贯中、刘守英等学者认为由于只有国有土地才能流转，农民无法将自己的土地资产资本化，会拉大城乡之间收入差距。[⑦]钱忠和牟燕的研究表明，土地资本化水平提高并不必然扩大城乡之间收入差距，土地资本化水平与城乡收入差距呈

①　杨帅、温铁军：《经济波动、财税体制变迁与土地资源资本化 —— 对中国改革开放以来"三次圈地"相关问题的实证分析》，《管理世界》2010 年第 4 期。

②　周飞舟：《分税制十年：制度及其影响》，《中国社会科学》2006 年第 6 期。

③　曹广忠、袁飞、陶然：《土地财政、产业结构演变与税收超常规增长 —— 中国"税收增长之谜"的一个分析视角》，《中国工业经济》2007 年第 12 期。

④　王贤彬：《土地出让与产业发展》，《经济管理》2014 年第 1 期。

⑤　陶然、陆曦、苏福兵等：《地区竞争格局演变下的中国转轨：财政激励和发展模式反思》，《经济研究》2009 年第 7 期。

⑥　彭昱：《城市化过程中的土地资本化与产业结构转型》，《财经问题研究》2014 年第 8 期。

⑦　文贯中：《结构性失衡、内需不振、过时的土地制度和走出困局之路》，《南开经济研究》2010 年第 2 期。刘守英：《中国城乡二元土地制度的特征、问题与改革》，《国际经济评论》2014 年第 3 期。

现倒 U 关系，但因为我国土地资本化水平都低于 25.33% 的临界值，因此土地资本化程度提高会增加城乡间贫富差距。[①]

一些学者认为随着以土地资本化为核心的"以地谋发展"模式的不断强化，会导致地方债务危机、央行金融风险和放大宏观经济波动等经济风险[②]，甚至引发征地冲突等社会风险[③]。文贯中认为，地方政府在现行制度约束下更关注土地的资本化，而忽视人口城市化，这造成了"化地不化人"的畸形城市化发展路径。[④]

4. 总结和讨论

目前，国内已有的关于土地资本化的研究数量十分有限，主要集中在以下几类：一是以马克思关于资本和地租的论述为参照，试图对我国当今的土地制度构建理论观点。[⑤] 二是研究国有土地资本化与地方财政的关系，并讨论国有土地资本化的后果，更加关注国有土地资本化后所造成的金融风险、社会风险。三是关注我国农村土地资本化实践，开展问题导向的研究，对于农村土地资本化典型案例进行深入而翔实的实证研究。[⑥] 这些研究强调了政府从土地中获取增值收益，但却缺少对村庄、企业和村民等非政府主体在土地资本化过程中的获

---

① 钱忠好、牟燕：《土地市场化是否必然导致城乡居民收入差距扩大 —— 基于中国 23 个省（自治区、直辖市）面板数据的检验》，《管理世界》2013 年第 2 期。

② 刘守英、蒋省三：《土地融资与财政和金融风险 —— 来自东部一个发达地区的个案》，《中国土地科学》2005 年第 5 期。刘守英：《以地谋发展模式的风险与改革》，《国际经济评论》2012 年第 2 期。

③ 文贯中：《市场畸形发育、社会冲突与现行的土地制度》，《经济社会体制比较》2008 年第 2 期。

④ 文贯中、熊金武：《化地不化人的城市化符合中国国情吗？—— 人口密集型的"老浦西"和土地资本密集型的"新浦东"的历史比较》，《城市规划》2012 年第 4 期。

⑤ 张跃进：《论农村土地使用权资本化》，《安徽师范大学学报》（人文社会科学版）2003 年第 6 期。葛扬：《马克思土地资本化理论的现代分析》，《南京社会科学》2007 年第 3 期。

⑥ 蒋省三、刘守英：《土地资本化与农村工业化 —— 广东省佛山市南海经济发展调查》，《管理世界》2003 年第 11 期。龚晓红、庞新军：《土地要素、土地资本化与经济增长 —— 基于重庆统筹城乡视角的实证研究》，《农村金融研究》2011 年第 2 期。刘守英：《土地资本化与农村城市化道路 —— 北京三模式调查》，《开放导报》2011 年第 2 期。魏开、魏成：《土地资本化视角下的乡村发展研究 —— 珠江三角洲村庄土地变化的一个案例》，《生态经济》2013 年第 1 期。

利行为分析。另外，对于政府主导土地资本化的约束条件缺乏必要分析。实际上，从义乌和白沟案例可以看出，地方政府在分税制改革后，并未迅速转向土地财政。在土地资本化过程中，土地与市场和产业之间的关系问题，在已有研究中鲜有讨论。

三、研究思路与主要关注点

本研究通过探讨义乌和白沟地方政府市场治理的具体经验，总结提炼义乌和白沟地方政府成功实施市场治理的发展经验，为地方政府参与国家治理体系和治理能力现代化建设提供借鉴。本研究重点关注我国改革开放以来推动市场化进程中，地方政府如何通过对市场的治理实现专业市场繁荣，并带动地方经济发展的过程、实践策略与实践效果。因此，本研究将重点关注以下几方面的问题。

一是专业市场的动态演化过程。在国家针对市场的宏观制度变迁过程中，义乌和白沟专业市场是如何从萌芽状态不断发展壮大成为国际知名的特色专业市场。在市场发育中，农民、商民、市民等社会群体如何在政策不确定下参与市场经营活动；在市场不断发展过程中，各类市场经营主体如何在政府政策支持下充分释放市场活力，带动专业市场规模扩张、产业不断升级和区域经济不断繁荣。

二是有为政府与市场治理。除市场主体行动外，对义乌和白沟专业市场发展产生决定性影响的是地方政府。在义乌和白沟专业市场发展过程中，地方政府对市场的认识不断深化，地方政府不断调整自身在地方经济中的定位，结合外部环境的变化转变政府职能，为市场发展创造活力。本研究也分析了地方政府在发展专业市场和过程中与其他行动主体之间的互动过程，研究政府如何利用企业协会、商会等非市场治理机制来对专业市场进行治理。同时，本研究从政府组织体系的内部激励和外部约束出发分析义乌和白沟地方政府在市场变迁过程中如何参与市场治理。

三是专业市场发展与要素资本化。对于县域基层政府来说，获取预算外收入主要来源包括：从乡镇办的企业中直接得到利润；获取土地转让金、租金；组建专业市场，收取市场摊位租金。[①]不同于苏南地区乡镇企业大发展，义乌和白沟乡镇集体企业一直未能大发展，专业市场成为地方政府获取预算外收入的主要资源。本研究关注义乌和白沟政府通过何种政策释放劳动力、推动土地要素资本化、实现工商业与金融资本积累，在不同发展时期如何调整要素禀赋结构推动专业市场和产业的转型升级。

四、资料来源与案例基本情况

（一）经验资料来源

本研究使用的经验资料来源于笔者实地调查和相关研究文献。实地调查资料主要来源于笔者在白沟新城的实地调研。从 2016 年 11 月至 2017 年 4 月，笔者前后四次到白沟新城，以参与观察、结构式访谈和文献搜集等方式收集资料。这些资料主要分为以下几类：访谈记录，主要访谈白沟新城政府相关人员、下属行政村支书、开发商、商户等相关人员；白沟新城政府正式文字材料，主要包括红头文件、规划报告、财政数据、通知和宣传材料等；档案材料，笔者在白沟档案室有限材料堆里复印了部分可用的历史文献；志书，包括 1997 年出版的《高碑店市志》和 2008 年出版的《白沟志略》；其他资料，包括工作总结、经验介绍、人物事迹和招商材料等等。

关于义乌的相关材料主要包括政府发展规划、政府工作报告；志书，包括 1987 年出版的《义乌县志》、2011 年出版的《义乌市志》，以及《义乌工商行政管理志》《义乌金融志》等专项志书；义乌各年度统计年鉴等。

---

① 刘世定：《乡镇财政收入结构和运作机制》，《中国乡镇组织变迁研究》，华夏出版社，2000 年。

笔者还查阅了大量各级政府官员发表过的有关义乌、白沟市场的文章，参考了关于义乌和白沟研究的相关材料。自 20 世纪 90 年代初以来，国内外以义乌和白沟为研究对象的文献较为丰富，关于义乌和白沟地区专业市场发展过程的资料相对充足，这些研究中针对商户、地方政府官员等的访谈材料在本文写作中作为二手材料予以引用。除了以上资料，笔者还引用了部分媒体报道、网络社区等资料，这些资料提供了媒体、地方政府、商户和开发商等不同群体的立场与观点。

（二）义乌基本情况

义乌位于浙江省中部，地处金衢盆地东部，市境东、南、北三面群山环抱，南北长 58.15 公里，东西宽 44.41 公里，面积 1105.46 平方公里。义乌是浙江省辖县级市，由金华市代管，金华—义乌（浙中）和杭州（浙北）、宁波（浙东）、温州（浙南）并列浙江四大区域中心城市。义乌历史悠久，公元前 222 年在此地置乌伤县，公元 624 年改称义乌，1988 年撤县建市。

义乌通过专业市场国际化，促进工业化、信息化、国际化、城镇化，市场从"买全国、卖全国"向"买全球、卖全球"转型。义乌和白沟市场模式为全国中小企业、家庭作坊、个体农户找到了一条通往全国、通往全球的捷径。通过专业市场这条纽带，中小企业、家庭作坊、个体农户与全国经济、世界经济融合在一起，引导着地方产业结构不断优化升级。

义乌是中国最富裕的地区之一，被联合国、世界银行等国际权威机构确定为世界第一大市场，被列为第一批国家新型城镇化综合试点地区；义乌国际商贸城被国家旅游局评为中国首个 AAAA 级购物旅游区，被誉为全球最大的小商品集散中心。

改革开放四十多年来，义乌市坚持"兴商建市"发展战略，以"鸡毛换糖"的马路市场起步，不断升级发展小商品专业市场，走出一条通过专业市场带动区域市场化、工业化、城镇化的区域经济社会协调发展的道路。义乌地方政府从自身发展实际出发，在各级党委和政府领导下积极贯彻落实党中央重大决策部署，推动本地小商品专业市场和地区工业跨越式发展，经贸发展国际化水平不断提升，城乡一体化迅速推进，完成了脱胎换骨的变化。一是从人多地少、资源匮乏的农业小县成长为全国知名的经济强市（县）。2021 年，义乌全市实现地区生产总值 1730.16 亿元，同比增长 11.6%，在全国百强县中居第十位，城市综合实力位居浙江省县级市首位。二是在不知名的内陆小县城发展出全球最大的小商品专业批发市场，成为全球小商品集散中心。2021 年，小商品市场成交额达到 1866.8 亿元。三是持续发展的义乌专业市场形成了跨区域发展的"义乌商圈"，引领区域产业发展。义乌市场不仅带动了本地商业和工业发展，还牵引着浙江中部地区众多特色产业区块，所形成的产业集群辐射范围超出浙江直到全国各地，使"中国制造"远销海内外。四是通过商业化、工业化带动区域城镇化，呈现出城乡一体化的共同富裕景象。义乌城镇化水平和生活质量不断提高。2021 年城镇化水平达到 80.1%，居民人均可支配收入达到 77468 元。

（三）白沟的基本情况

白沟在历史上曾经是北方一个有名的商业城镇。白沟河为古拒马河支流，因水面多芙蓉而得名，镇因河得名。北宋在与辽交界的易、雄、霸等州建立"榷场"，与辽国进行边境贸易，双方以白沟河为界。这是对白沟商贸活动的最早记载。元朝时过往白沟河的船只可直接驶入大运河，北达大都，南抵杭州，白沟作为南北陆路的交通要道，来往客商不绝于途。到了明代，随着明成祖朱棣迁都北京，白沟因临近北京而成为通往江南经济发达地区的交通枢纽。此后三百余年，白沟以其水陆交通优势，一直是北方地区重要的商品集散地，被誉为"燕南大都会"。清末，白沟的古镇街基本成形，泥娃娃手工业已经形成，十天四次的白沟大集有数万人聚集，商业依然较为繁盛。民国时期，由于连年战乱，白沟一带的农业、手工业和商业遭到严重破坏，绝大多数店铺关门，一片萧条，但传统集市延续了下来。举办集市的古镇街，坐落在白沟镇西部一条南北走向的街道，也是白沟最古老的街道。白沟地方居民在商业活动熏陶下，分化出一批懂得做生意的商民。新中国成立后，商民被编入合作社及人民公社的生产大队中，从事农业活动，但历史上形成的经商文化传统一直保存下来，从未绝迹。

1992年，白沟被定为副县级建制镇，隶属河北新城县。1993年4月，新城县撤销，设高碑店市。1996年1月，全市并乡扩镇，义和庄乡并入白沟镇，白沟镇辖33村街。2008年7月28日，原高碑店市白沟镇和白洋淀温泉城开发区合并组建白沟新城。2010年8月获省委、省政府批复，9月正式揭牌。至2022年，白沟新城下辖白沟镇33个村街，辖区面积54.36平方公里，建成区面积27平方公里，常住人口15.3万人。

白沟镇是全国经济发达镇行政管理体制改革试点、"中国箱包之都"，2015年被国家发改委等11部委确定为全国新型城镇化综合试点。2016年，经商务部等8部委联合审批，白沟箱包市场采购贸易方式试点正式获批。2021年位居中国商品市场综合百强榜单第五位。

经过多年发展，白沟呈现以下特点：一是商业氛围浓郁。白沟市场是我国北方地区最大的专业化市场，市场辐射广阔，已经形成了集箱包、服装、鞋帽、小商品等14个专业市场于一身的大型综合商贸集群，总经营面积400多万平方米，年市场交易额达到1200亿元。二是箱包产业基础雄厚。围绕着白沟形成了一个辐射周边11个县（市）、55个乡镇、500多个自然村，从业人员超过150万人的区域特色箱包产业集群，构建了含原材料供应、产品设计、加工制造、产品展销、物流配送等各个环节的产业链。箱包产业规模企业400余家，加工企业3000多家，个体加工户7000多户，拥有电商2万多家。年均箱包产量8亿只，占全国箱包产量的30%。三是物流体系发达。白沟依托自身的三个物流园区，形成了完善的物流配套体系，拥有货运线路210条，站点121家，覆盖全国所有县级以上城市，年吞吐量2000多万吨，顺丰、韵达、圆通等38家快递公司设有分理中心，日发货量36万件，是周边近十个县（市）特色产品的物流配送中心。四是融入京津冀协同发展成效显著。白沟通过加强市场合作，先后吸引雅宝路、大红门、动物园批发市场等北京大型市场近3000家商户落户白沟。

1980年以来，随着白沟市场和产业不断发展，白沟财政收入不断提高，由1980年的30万元增加到2016年的69800万元。随着产业发展，白沟地区农民收入显著增加，从1980年的200元增加到2016年的14863元。2020年，全区地方生产总值67.32亿元，固定资产投资完成58.86亿元，规模以上工业增加值2.5亿元，社会消费品零售总额80.6亿元；实际利用外资9165万美元，占全年任务目标的195.0%；城镇居民人均可支配收入23984元；一般公共预算收入完成61594万元。

以箱包制造和市场商贸物流业为产业支柱的白沟经济的迅速发展，不仅提高了城乡居民收入，而且大大推进了白沟的城镇化进程，城区面积也迅速扩张。

五、写作方法和内容结构

除了运用在白沟所获得的实地调查资料之外，笔者还运用了地方志和文献搜寻中所获得的其他材料，不同版本材料可以互相印证相关信息，确保相关描述真实有效。文中的人名，出于保护被调查者隐私权的目的，都做了匿名化处理。

本研究分为六章（含导论），其中导论首先提出问题，对已有文献研究进行回顾，并对分析思路、分析重点、案例基本情况、本书内容结构等进行描述。接下来四章以地方政府对市场的发展型治理动态演化过程为分析线索，对义乌和白沟的专业市场的发展历史过程予以描述分析。第一章介绍了义乌和白沟市场发展的萌芽，在这一过程中政府对市场的态度由打压转为默许，市场在夹缝中获得了初步发展，民间自发的力量是市场形成的主导力量，政府对市场的"放任"推动了市场的初步繁荣。第二章分析了1982—1991年义乌和白沟专业市场的发展，政府对待市场的态度转向积极扶植，认为市场是对计划经济的有益补充，把市场作为谋求地方经济发展的重要手段。这一阶段，政府不仅是市场的管理者，同时也是市场的支持者和建设者。劳动力、土地等生产要素的资本化水平提升，商业资本得到积累，商业资本和工业资本逐渐结合。第三章分析了1992—2002年义乌和白沟专业市场的发展。这一阶段，政府把市场作为社会主义市场经济重要组成部分，面对市场的迅速繁荣所产生的负面效应，政府行使守门人职能，对市场主动干预，进行有效的市场治理，消除市场机制的负面作用，通过有针对性的引商转工，夯实了市场的产业基础。地方的工业化、城镇化进程得以加快。第四章分析了2003年以来义乌和白沟专业市场的变迁。这一阶段，政府从经营市场转向经营城市，大规模吸引社会资金投资建设基础设施、专业市场；地方政府坚持按照市场运行规则办事，深化政府职能改革，转变为服务型政府，为市场提供优质服务，依法维护平等竞争的市场环境，形成有利于资金、土地、人才等要素资源合理配置的机制，确保各方利益。第五章是本书的结论与讨论部分，总结了本研究的理论主张和现实关怀。

第 *1* 章

市场孕育与
政府"无为"而治

　　从中华人民共和国成立到 1981 年，农业生产是广大农村地区的产业核心。这一时期农业生产继续依靠过密化投入，只不过农业过密化的单位不再是家庭而是集体，人民公社作为一个生产单位也不能解决过剩的劳动力。[①] 广大农村地区经历了土地改革、统购统销、农业合作社、"大跃进"、"文化大革命"等事件。农村家庭副业虽然有所发展，但多数时间处于不被政策支持的状态。从新中国成立至 1953 年，国家采取了支持农村家庭副业发展的政策，使得被战乱破坏的农村副业得以初步恢复。但随着 1953 年消灭私有化的集体运动，农村家庭副业发展和农产品的流通也被限制。在"大跃进"时期，农户的自留地被统一征收，农村家庭副业被彻底取消。在"文化大革命"期间，农村家庭副业被认为是"资本主义尾巴"而遭到禁止。改革开放后，农村家庭副业逐渐被接受，传统的农村集市也得以恢复发展，围绕着传统农村集市而形成的市场交易活动开始大量兴起。

　　党的十一届三中全会以后，中共中央和国务院采取支持集体经济和个体经济发展的方针，允许多种经济形式并存，以逐步搞活经济，促进生产力的发展。为了方便群众生活，1979 年初，政府允许一部分有正式户口的闲散劳动力从事修理、服务等个体手工劳动，但不准雇工。在这种条件下，广大城乡和非公有制经济开始复苏，对市场起了很好的补充作用。

　　1981 年 3 月，中央提出积极鼓励和支持社员个人或合伙经营服务业、手工业、养殖业、运销业等。

---

① 黄宗智：《华北的小农经济与社会变迁》，中华书局，2000 年。

表 1-1　1949—1981 年我国农村地区制度环境及对专业市场影响

时间段	农村地区发展重大变革	乡村产业结构	对市场的影响
1949—1956	1955 年，全国各地建立合作社	农业生产为主导，发展以副业队或副业组兼营的农村手工业	在政府鼓励辅市下，市场繁荣，集市活跃
1957—1960	1958 年起，农村地区普遍建立人民公社	以农业为主导，明确了社办工业范围，在"一平二调"基础上大办社办企业，商业活动萎缩	对私营工商业社会主义改造后，私营商业消失，集市受到很大影响
1961—1965	1961 年发布《农村人民公社工作条例》（修正草案）、《关于改变农村人民公社基本核算单位问题的指示》	农业为基础，队办企业成为农村工业主体	1962 年国民经济调整，集市商贸活动稍有回升
1966—1978	1966—1976 年"文化大革命"；1978 年底，党中央提出改革开放	强调以"以粮为纲"和"劳力归田"，大力发展农业，农村工业被限定在为农业服务范围内，规模较小	个体商业被当作资本主义尾巴割掉，流通行业仅保留供销社系统。集日交易天数普遍缩减，一般一个月两个集日
1979—1981	1980 年，实行家庭联产承包责任制；1981 年 3 月，中共中央、国务院转发国家农委《关于积极发展农村多种经营的报告》	在农村农业发展基础上，农村非农业，包括农村手工业和农村商业开始复兴。积极鼓励和支持社员个人或合伙经营服务业、手工业、养殖业、运销业等	传统集日交易恢复，交易日益活跃

　　家庭联产承包责任制的实行使得人民公社的经济职能不复存在，人民公社体制迅速瓦解。乡镇政府基本沿袭了人民公社时期的行政管理体系，在新的条件下发展地方经济。在这一形势下，乡镇一级政府的商业管理存在着一定制约条件。一个是财政的局限，一个是观念、执政能力的局限。1980年，国务院颁布了关于实行"划分收支，分级包干"财政管理体制的暂行规定，将过去的"一灶吃饭"改为"分灶吃饭"，明确划分中央和地方财政的收支范围。1983年，中共中央、国务院在《关于实行政社分开建立乡政府的通知》中指出，随着乡政府的建立，应当建立一级财政和相应的预决算制度，明确收入来源和开支范围。1985年，财政部颁布《乡（镇）财政管理试行办法》，我国乡镇财政制度被正式确定下来，筹集预算外支出的全部任务交给了乡镇政府，即乡镇政府预算外支出的多少完全取决于其获得预算外财政的能力。乡镇政府在承受财政压力的同时，有了更大自主活动的机会和空间，乡镇政权自身的利益意识空前觉醒，开始具有了明确独立的经济利益和行为目标。但是由于人员增速过快，乡镇政府在财政上也是捉襟见肘。在向社会主义市场经济模式转型过程中，乡镇政府既不能沿用人民公社时期强制性行政命令的方式，又要创造性地提出解决地方经济发展矛盾的方法，在新旧管理模式方法转变中如何掌握尺度，在缺乏系统理论准备和明确的可操作政策背景下，乡镇干部只能在实践中摸着石头过河。

第一节
————

义乌市场孕育与政府的"放任"

一、传统经商文化是义乌市场孕育的重要基础

在历史上，我国具有商业传统的区域非常多，但义乌却抓住了我国计划经济向市场经济转型的商业契机。义乌的成功与其历史上形成的独特商业文化有着密不可分的关系。独特的"敲糖帮"商业精神的传承使其抓住了改革开放的历史机遇。

义乌地处浙江中部山区，改革开放前以农业生产为主，经济发展较为落后。由于自然资源较为贫乏，且人多地少，人均耕地面积仅为 0.5 亩，低于全国人均耕地面积 1.5 亩。[①] 黄宗智所提出的"过密化生存"策略在义乌很难实现，因为义乌本身土地资源非常贫瘠，很难通过劳动力的增加换取农作物单位面积产出的增长，只能通过其他方式增加农作物的产量，如将鸡毛等动物毛发碾碎后拌以草木灰、人畜粪便等施肥插秧，因此衍生出了一种流动的"鸡毛换糖交易"，即通过自家酿制的饴糖、生姜糖加工的"敲糖"，走街串巷换取动物毛发。据《义乌县志》记载，"早在清乾隆时，本县就有农民于每年冬春农闲季节，肩挑'糖担'，手摇拨浪鼓，用本县土产红糖熬制成糖饼或生姜糖粒，去外地串村走巷，上门换取禽畜毛骨、旧衣破鞋、废铜烂铁等，博取微利。清咸丰、

————

① 中国社会科学院《义乌发展之文化探源》课题组：《义乌发展之文化探源》，社会科学文献出版社，2007 年，第 36 页。

同治年间，糖担货色增售妇女所需针线脂粉、髻网木梳等小商品。抗日战争前夕，本县操此业人数增至近万，发展成为独特性行业 —— 敲糖帮"[①]。随着"鸡毛换糖"规模的不断扩大，义乌的商业活动和商业群体逐渐发育，形成了独具地方特色的商业网络。新中国成立后，农村劳动力被固定在土地经营耕作，禁止"劳动力外流"，鸡毛换糖被视为"资本主义复辟"而遭受批判，鸡毛换糖的交易规模和"敲糖帮"数量受到了很大影响。但这种在传统小农经济基础上成长起来的商业萌芽一直存在，在一定程度上促进了乡村的繁荣发展，成就了佛堂、稠城、廿三里等小商业集镇，也形成了义乌地区特有的进取型商业文化。历史上的鸡毛换糖活动孕育了义乌人敢破敢立、创新求变、艰苦奋斗、务实苦干的商业精神，也使义乌人逐步积累了商业经验，培养了经商技能，形成了不以利小而不为和善于发现商机的品质。这种独特的商业文化与现代市场经济的基本要求高度契合，为义乌小商品市场的萌芽、诞生和发展奠定了必要的商业文化基础。

二、小商品市场在传统集市中孕育

1953 年国家对粮、棉、油、茶等重要农产品实行统购统销和计划收购政策，国营商业和供销社逐步控制整个社会的商业渠道。这一时期，敲糖帮在外出时间、小百货供应数量等方面也受到限制。针对浙江发展的实际情况，浙江省商业厅和财政厅于 1961 年 7 月 10 日下达了《关于支持公社、生产队集体换取鸡毛等什肥问题的联合通知》，指出义乌的鸡毛换糖有利于农业生产，商业部门应给予支持，针对鸡毛换糖交易行为的政策开始松动。义乌县商业局和财政局根据上级文件精神，结合义乌实际，发出了《关于安排生产队利用农闲季节集体外出以小百货换取鸡毛杂肥的通知》，明确指出：凡利用农闲时节外出鸡毛

---

① 义乌县志编纂委员会：《义乌县志》，浙江人民出版社，1987 年，第 272 页。

换糖者，经公社证明可到县商业局领取临时许可证和购物簿，凭簿可向百货公司或供销社批购供换鸡毛的小百货。至于生产队发出的副业许可证，那就更难以数计了。[①] 鸡毛换糖活动虽然仍被定为"资本主义尾巴"，但实际上得到基层政府的变相承认。

有了相关政策依据，1961 年，义乌工商管理部门为了解决部分下放人员就业问题，破例向这些下放人员颁发"私营小商品许可证"。这些人员在廿三里镇老街集市摆摊，售卖针线、衣扣、发夹等廉价日用品，逐渐形成廿三里小商品市场的雏形。小商品交易市场起到了国营、集体商业不可替代的补充作用。这些早期获授权的合法商贩逐渐成为向鸡毛换糖的流动商贩提供货源的批发商。在 20 世纪 60 年代中期，受经济利益驱动，加入鸡毛换糖队伍的农民越来越多。在商业孕育和发展过程中，个体经商人员队伍日渐扩大，自发形成的交易市场的商品品种不断增多，市场规模逐渐扩大。"文化大革命"开始后，政府对商业经营活动开始采取限制政策，小商品经营者普遍遭受打击，有的农民自产自销副产品或开展建筑、运输活动，被打上"地下工厂""地下包工队""非法运输队""投机倒把"的标签，各种"非法交易"市场被彻底取缔。为了逃避打击，很多商贩只能转成暗地交易。70 年代中期，廿三里村的小商品交易开始暗地恢复，形成了季节性的提篮叫卖交易的小百货市场，没有固定摊位，像游击队员一样在廿三里街头转悠专营小商品批发生意的商贩达四五十人。[②] 有研究简单描述了当时的市场交易情况：

每逢市日，廿三里镇集贸市场上出现了众多的提篮叫卖的小商品专业商贩，紧接着，稠城的闹市外县前街也出现了几十个专卖小商品的摊贩，这些人以竹篮、

---

① 邵维一：《兴商史话——漫谈义乌商史中的几个具体问题》，《义乌方志》2008 年第 4 期。
② 义乌丛书编纂委员会编：《见证——义乌市场四十年》，上海人民出版社，2019 年，第 33 页。

箩筐、旅行袋、塑料布为工具，随地设摊，沿街叫卖。日初设摊，日中收摊。[①]

传统的城乡集贸市场为小商品交易提供了固定的集中交易的场所，孕育了小商品市场。此时的小商品市场整体处于小型交易市场状态，处于隐匿化、小规模、分散化的粗放式发展阶段。随着改革开放政策的实施，针对商品交易的政策逐渐松动，义乌廿三里小商品市场开始发展并逐渐兴盛，参与交易的人数日渐增加，商品种类更加多样。党的十一届三中全会以后，一些农民在义乌稠城镇县前街歇担摆摊，出售针头线脑、扫帚、毛刷、小玩具等产品。随着生意兴旺，人数渐多，自发形成了小百货市场。[②]

20世纪70年代后期到1981年底形成的小商品市场表现为以下几个特征，也被普遍认为是义乌小商品市场形成的主要标志。一是由提篮交易发展为摊位交易。由于政府对小百货经营的禁止，批发小百货的都是提着篮子在集市上放样品，然后与有意向的买家在暗地里交易。随着对个体经济政策逐步放开，很多小百货商人在集市上摆地摊或者租店面，用门板搭起摊位。随着小百货生意的日益红火，很多经营者开始转化为职业商人。廿三里最早的一批鸡毛换糖经营户在积累一定资金和经验的条件下逐渐向固定摊位和批零兼营转变，并开始走向规模化经营。市场形态从集市交易的集贸市场性质，向大规模批发市场演变。二是经营人数迅速增多。六七十年代，专门批发小百货的敲糖帮固定人群很少，只有十几个人。但是到70年代中后期，不少敲糖人、城市中的无业居民纷纷加入做小商品批发生意，市场中的专业经营者人数迅速增加。据义乌工商行政管理局1982年初统计，1974年底，义乌从事个体经济的有488户，到1980年底即增加到1082户。值得重视的是，农民经商之风迅速兴起，个体商贩猛增，到1981年底，达到40000余户，其中经营小百货的就有近3000户，从

① 张文学主编：《义乌小商品市场研究——社会主义市场经济在义乌的实践》，群言出版社，1993年，第34页。

② 义乌工商行政管理局编：《义乌工商行政管理志》，2004年，第84页。

业人员达 6000 余人。[①] 三是进货渠道的扩大和进货量的增长。早期小百货进货渠道主要有三种：从本地或外地百货公司批发；从外地厂商直接进货，进货点从省内到省外，门路越来越多；摊贩自己加工生产的本地产品。随着市场的扩大，到外地进货尤其是直接到厂家进货的越来越多，而且进货量惊人增长。到了 80 年代初，以集市贸易为特征的、自发的小百货市场转型为以批发为主、每日经营而且有政府管理的小百货专业市场。

三、地方政府对市场发展的"放任"

改革开放前，义乌鸡毛换糖的流动经营是零散、低层次的，经营者多数是贫农。随着家庭联产承包责任制的实施，农村劳动力得以释放，义乌民间鸡毛换糖的经商能量迅速释放，流动经商人数大幅度增加。在义乌小商品市场诞生之初，农村商品经济发展明确受到限制：不准农民经商，不准工业品进入集市交易，不准工业品批发等等。党的十一届三中全会以后虽然确定了以经济建设为中心的方针，但是由于相关政策环境、法律法规的滞后性，义乌地方政府对市场的发展并没有立刻采取积极支持的态度，只是逐步破除传统观念和原有计划体制的约束，对市场进行规范性管理，通过对市场的默许释放小商品市场的发展活力。

义乌的货郎在外出收集鸡毛的过程中，在实践操作上扩展了鸡毛换糖的交易品种。这种扩大化的鸡毛换糖在计划经济时代被认定为"投机倒把"，成为被打击的对象。围绕着鸡毛换糖，地方工商管理部门和经商的农民之间形成了拉锯战。1980 年 11 月，义乌县工商管理部门恢复颁发小百货敲糖换什肥临时许

---

① 　义乌市工商行政管理局编：《义乌工商行政管理志》，1992 年，第 160 页。

可证，① 对经商对象进行持证经营管理。1981 年 11 月 18 日，义乌县工商局又发出颁发小百货敲糖换鸡毛杂肥临时许可证的通知，要求各地工商所负责办理更换临时许可证的具体手续。临时许可证由工商行政管理局监制，经营有效期限一般为 3 至 6 个月，持证人员按照工商部门划定的地块经营。1980—1981 年，义乌县工商局颁发临时许可证 12000 余份，批准 200 个小百货个体经营户，② 对无证经营小商品的商贩则予以打击。除了持证经营外，工商局和税务局通过收取管理费和税费的形式规范小商户的经营。例如针对稠城湖清门小百货市场，市场管理人员每天向每个摊位收取 0.3 元的管理费，税务部门采用巡回征收办法，当场开票，计日征收，门板摊 1 元，米筛摊 0.5 元。③

面对人民群众自发形成的小商品市场，政府的管理缺乏政策依据和可参照的经验。起初，面对市场空间无序扩张阻碍交通、影响市容问题，政府希望通过治理整顿"取消"市场。后来，越来越多小商品经营者脱贫致富，小商品市场显现出旺盛的生命力，政府转而采用疏导而不是"围追查禁"的办法来解决市场发展中存在的问题。随着廿三里集市的不断繁荣，义东区委、廿三里公社党委及区工商所领导深入研究上级文件，决定在廿三里开办市场。1981 年上半年，在义东区委的协调下，由区工商所实施，租用廿三里大队第二生产队晒场，用木头、木板设了 200 个摊位，按每人每天 1 元的标准收取管理费，税务所向经营户收取每月 30 元的定额税收。至此，由政府部门参与管理，具备市场主体资格的廿三里小百货市场应运而生。④ 为了解决县前街交通拥堵问题，稠城镇工商部门于同年 4 月把自发的小百货市场迁到北门街经营，并向经营户发放临时

---

① 这一转变与当时国家整体形势及县委、县政府的相关工作决策息息相关。1980 年 2 月 26 日至 3 月 2 日，义乌县委召开全县三级干部大会，会议贯彻中央文件和省委工作会议精神，通过学习讨论，结合义乌实际提出大搞积肥造肥、备足肥料等工作。政府变相支持小商品市场发展有了合理的依据。

② 《义乌工商行政管理志》，1992 年，第 160 页。

③ 义乌市志编纂委员会：《义乌市志》（第二册），上海人民出版社，2011 年，第 552 页。

④ 《义乌市志》（第二册），第 551 页。

经营许可证。当年，工商部门发放了 200 个小百货个体经营许可证，并收取市场管理费。[①] 廿三里和稠城镇两个自发的小商品市场实际上已经由政府开始管理与组织，在政府默许下公开经营。

小商品市场的开放在当时还没有政策依据，也没有先例。因此，对于正在发展的还不规范的小商品市场，义乌县政府整体上依然在国家大的政策框架下摸着石头过河，并没有完全放开小商品种类的交易。但实际上，各级政府对小商品市场都采取了默许的态度。例如，金华市和义乌县两级党委、政府实际上为廿三里市场的建设、发展提供了政治担保。在对市场进行管理过程中，义乌工商部门对合法与非法的界限认定也持放任策略。按照政策，持小百货换鸡毛杂肥临时许可证的敲糖人的某些经营行为并不符合规定。起初，有关部门对经营小商品的敲糖人采取劝、赶、堵的办法，结果无功而返。随着政策逐渐松动，相关文件虽未明确表明可以经营小商品，但也未明文规定属于非法行为。因此，义乌工商、税务部门对市场的交易行为不再阻止，只是按照统一要求对摊位收取管理费和税费。

在大多数情况下，我们也只好睁一只眼，闭一只眼，实际是放任自流。县里也叫我们加强管理，批评我们工作不力，可是当时的情况光靠行政命令已经毫无用处了。集市发展之快大大超出了我们预料，竟造成了县前街一带交通经常严重堵塞的局面，连自行车也骑不过去，群众对此意见很大。第二年，因交通问题我们把集市赶迁到较开阔的北门街北段路面两旁。这一举动引起了人们的注意，他们似乎看清了我们的"放任"意图（因为我们只引导他们换个地点，并没有去解散集市），结果集市参与者越来越多，几个月时间，经营人员从原来的 100 多人猛增到 400 多人，交易也日趋兴旺，终于又造成了交通严重受阻的情况。[②]

---

① 王伟民、刘俊义：《第一代小商品市场诞生记》，《义乌方志》2006 年第 4 期；施章岳、王时龙：《廿三里小百货市场》，《义乌方志》2007 年第 4 期。
② 浙江省政协文史资料委员会编：《小商品　大市场 —— 义乌中国小商品城创业者回忆》，浙江人民出版社，1997 年，第 24 页。

当时我们认为，老百姓搞大商品经营是不允许的，但搞小百货经营是不一样的，所以，工商管理部门从前期用赶、堵的办法转为后来持"明禁暗放"的态度，一直未对此采取过完全禁止的措施，只是顺其自然。[①]

在管理市场时，以"打大雷下小雨"的方法，即看到人们出售自产小工艺品的时候，就大喊大叫把他们赶散了事，除了那些经营危险品、非抓不可的之外，从不去穷追他们。这才使那些聪明人的小工艺品有机会可卖。[②]

廿三里敲糖帮从做小本生意转型小商品经营后，普遍面临发展过程中所需流动资金方面问题。1981年，义乌县义东区、廿三里公社领导支持在廿三里信用社搞贷款试点，准予向个体商户发放小额贷款，突破了信用社不向经商人员放贷的政策限制。这一年，廿三里公社信用社向860户经商户发放贷款17.2万元，部分解决了敲糖帮发展过程中的资金困难。为化解商品运输方面问题，区、社领导协调当地邮政部门扩大邮寄服务范围，准许商贩邮寄商品大包裹。场地、资金、运输等问题的解决为市场的发展奠定了坚实的基础。[③]

由于义乌政府在小商品市场萌芽和发展关键时期恰当的"无为"，市场经营主体的活力反而得到了充分的释放，市场的生意开始兴旺起来，四面八方的顾客纷至沓来，为后续市场的跨越式发展奠定了基础。

四、政府"放任"的效果

在义乌市场的形成期，地方政府对市场尚缺乏全面的治理，更多是从疏导市场发展问题立场出发对市场进行管理。由于改革开放后农村剩余劳动力的大量释放，政府的"放任"策略促使更多人参与到小商品经营当中来，农民的经

---

① 《小商品 大市场 —— 义乌中国小商品城创业者回忆》，第29页。
② 《小商品 大市场 —— 义乌中国小商品城创业者回忆》，第313页。
③ 《义乌市志》（第二册），第551页。

商之风逐渐兴起。因此，依托传统集市的小商品市场的经营人员、经营品类迅速增加，交易规模日渐扩大，市场取得初步繁荣。根据《义乌市志》记载，除小百货换取鸡毛杂肥外，义乌全县经过登记发证的个体工商业户从 1964 年的 214 户、1974 年的 486 户，增加到 1980 年的 599 户和 1981 年的 865 户；全县从事商业的实际个体工商户已达到 4000 余户，特别是经营小百货的占多数，达到 3000 户，从业人员 6000 多人（大多数未经登记）。①

在计划经济时代，义乌鸡毛换糖的小商业形式，是典型的以劳动换资本，积少成多地解决了商业所必需的原始资本积累问题。改革开放初期，义乌对市场的宽容增加了人民群众的收入，积累了一定的经济资本和人力资本，为后续市场全面放开后义乌的商业化、工业化发展奠定了基础。

通过义乌两个早期经营商户回忆经商经历时描述，可以看出经营小商品对经济收益和资本积累的效果：

头一天摆摊，除去成本、开支外，我赚了 6 元多，心里别提有多高兴了。因为我当了多年临时工，每天工钱不过 0.9 元，一月下来才 27 元。如今一天的收入能抵几天？谁也算得清。我还记得，隔一天后生意更好，赚了 22 元，使我经商的信心更足了。"鸡毛换糖"积累了几百元钱之后，我就开始做袜子生意。……我们到绍兴拿来袜子到廿三里市场上卖。……我们那个时候坐火车到绍兴拿袜子，只拿 500—1000 双，在廿三里市场上，用手拿起来卖。改革开放后，我又拿袜子到贵州做生意。……这样生意就做大了，我也就发起来了。②

不但个案商户反映出小商品经营的经济资本功能显著，义乌村庄层面的经济效益情况也足以反映。廿三里公社深塘大队 168 户农户，参与生产、贩销小

---

① 《义乌市志》（第二册），第 552 页。
② 转引自刘成斌：《复数的鸡毛换糖——浙江义乌经验的商业起点与伦理渗透》，《社会学评论》2015 年第 4 期。

商品的有 100 余户；经商人员人均收入 2000 余元，1 万元以上存款 30 余户；大队经商收入 24 万元，农业收入仅 5 万元。[①] 资本的原始积累为义乌工商业进一步发展奠定了基础。

① 《义乌市志》（第二册），第 551 页。

第二节
───────

白沟市场孕育与政府的规范性管理

一、市场的孕育与产业初步发展

虽然白沟箱包加工业的产生和市场的发展具有一定偶发性，但其独特的区位条件和历史传统为产业和市场的发育奠定了基础。随着政策的放开，白沟的专业市场得以迅速发展。新中国成立前，白沟传统集市辐射周边地区，是京南地区商品经济发达的村镇，并且有着泥塑业的乡村手工业基础。新中国成立后，到 1956 年底，白沟发展起粮食、百货、布匹等行市 17 个，商号 28 家，综合性摊户 140 家，成为京南商铺重镇。对工商私营企业进行社会主义改造后，私营企业在白沟消失，传统集市也随之衰落。本节通过对白沟箱包产业和专业市场发展早期历史进行回顾，对白沟市场形成的政策环境，产业和市场的产生、发展的社会过程与政府行为做系统分析。

（一）传统经商文化与区位条件是白沟市场发展的重要基础

作为商贸城镇的白沟，历史上工业基础较为薄弱，一直以商品集散为产业核心，所谓"塞外皮毛，江南锦绣，多于此聚散"，白沟集市的主要商品都由外埠运来，然后销往外地。长期以来流传下来的经商传统和意识，是促使更多的农民下海经商的重要因素。虽然在计划经济时代，生产、消费与分配都必须在统购统销的制度下进行，但白沟商民从基本生计问题考虑，只要一有机会就重操旧业，拿着私底下生产的小加工产品到处销售，尽管这往往要冒巨大的风险。

实际上，在计划经济时代，白沟的地下"黑市"①一直都存在，人们通过私下交易买卖粮食、棉花、粮票、布票、箱包及配料等产品。这种经商的文化传统长期被压抑，但作为商民惯习的一部分一有机会就体现在商民的行动中。在沈原的研究中，一名商民讲述了他在"文革"期间所从事的商业活动：

> 那时候，正闹"农业学大寨"，冬天不让歇着，让平整土地，搞水利。一弄这些工程，小推车成了俏货，都要用小推车来推土送粪呀。我瞅准了，就到 X 城镇那边的集上，花上 20 元钱寻谋一辆破旧自行车，弄到家里来，主要是要那俩轮子，上面铺块平板、安上槽帮，两边再给它安上俩扶手，这不就是一辆小推车了吗？白天不敢出去，到了晚上，拿我自个的自行车拉着，连夜奔南骑上 60 里路，到白洋淀那边，倒手一卖就是 60（元），净赚 40（元）。②

因此，白沟皮革加工业的产生和专业市场的发展有其特定的文化基础。在长期的历史文化积淀中，白沟人具备了开作坊、经商办市场的素质，一旦遇到适宜的气候、环境，便发挥其特长。白沟市场的发展正是这种历史传统造就的素质与当代商品经济流通大潮结合的产物。

白沟地区在北方地区具备一定区位比较优势。白沟紧邻北京、天津、石家庄等大城市，市场腹地比较大。同时，白沟地处平原地区，交通条件较为便利，华北、东北甚至西北一带，都很方便来此交易。因此，在市场发育后，白沟迅速成为北方小商品、箱包交易重要的集散地。白沟所属的微观区位，对其能够孕育专业市场和产业也产生了重要作用。白沟地处容城县、雄县与新城县三县交界的地方，属于所谓"三不管"地区，行政权力控制相对较弱。改革开

---

① 根据白沟政府非公开出版的《商魂》，所谓"黑市"指的是从 20 世纪 60 年代初兴起的隐秘交易市场，是特殊历史时期的产物，反映出当时的物资匮乏和供需紧张，更反映出白沟原始的、从骨子里透出的商贸灵魂。

② 转引自《市场、阶级与社会：转型社会学的关键议题》，第 97 页。

放前那些束缚手脚的规章制度,那些"左"的思想理论与"左"的管理实践,对白沟的影响较为薄弱,白沟地区群众的积极性、创造性、开放意识得以充分发挥。

(二)皮革制造业的发展

1. 皮革制造业 —— 偶然催生的副业

白沟箱包加工业发端于白沟地区的高桥村。1971 年,高桥村被编为白沟公社高桥生产大队,共有 483 户人家、2500 多人,分为 16 个小队,人均耕地面积一亩二分,还有一半是不能产粮食的沙地,因此,高桥大队长期处于贫困状态。为了摆脱贫困状态,大部分生产队都在搞副业,第八大队的队长 ZGQ和 MC 在街上看到路人骑自行车,留意到自行车座套,萌发了生产自行车座套的想法。

当时生产队很穷,连定量油也没有,一天工值才两毛多一点儿,大家一直在想挣点儿钱。做豆腐、磨香油、做小孩放的小炮,乱七八糟的我们都干过,但挣钱不多,一年到头全队也就挣个三百块钱左右。ZGQ 有魄力,说干就干。他就从家里拿了 120 元,我个人拿了 130 元,怕犯错误,不敢用生产队的钱。坐火车到永定门一块四,两头坐汽车一共七毛。我们俩儿在北京转悠了一天,总算打听到北京大栅栏圈线厂有人造革的边角余料,还听说天桥有个商店处理残次人造革,最后 200 多块钱一共弄了三捆(人造革)。买回人造革后,我们就组织起了一个集体副业作坊,让几个老娘们加工车座子(自行车座套)。那时一共就三台缝纫机,两台蝴蝶牌的,一台蜂蜜(牌)的。做好后拿到公社供销社,供销社挺愿意收,商量了价格,一块六一个。可成本六毛都不到。这下子就行了。接着,我们就跑到四周的供销社,一个赚一块。后来又联系到天津外贸(部门)的朝鲜(生产)人造革,一捆百八十元,我们就咬牙贷款 5000 元,联合起第九生产队两个队合着搞。一开始加工车座子,到了 73 年开始做人造革包,就是人造革里缝上海绵的那种。当时连百货商店没有手提包，特别是人造革软包，所以做多少卖多少，越做越火。①

　　高桥大队第八生产队皮革加工业的发展改善了社员的生活水平，生产队工分的分值直线上升，高桥大队一个工可以达到一块多人民币，远超邻近地区其他生产队。第八大队成功的示范效应吸引着其他生产队纷纷进入皮革加工业，高桥大队一半以上的生产队搞起了皮革加工副业，并迅速扩散到周边村庄。白沟公社及所属邻近的大队都搞起了皮革加工副业生产。

　　2. 集体副业下的产业分工

　　白沟皮革产业所需人造革、海绵等原材料，早期由生产队统一采购，主要由生产队队长从外地买回。生产队再把原材料统一分到各家各户加工，加工好的车座套或者人造革包交到生产队后，生产队根据各户加工的数量登记上相应的工分。当时不允许私人销售非农产品，皮革制品只能通过白沟或附近公社的供销社销售。随着白沟和周边地区皮革制品供给量不断增加，供销社的销售渠道很难消化掉，生产队以供销社名义开始自己开发客户。

　　供销社收购不了咋办？ZGQ 点子多，所以大家伙儿都听他的。他就通过熟人去找（白沟）供销社会计，再通过这个会计牵线跟白沟供销社谈妥了办法。就是由生产队自己去推销包。这时候我们主要是做包，座套做的少了。（白沟）供销社开封介绍信，生产队管副业的副队长带两个机灵点儿的人专门外出跑销售，百八里以内的骑自行车跑，百八里以外的坐火车去。生产队除了每天给他们记一个满（工）分，还按推销包的数量奖励一定的工分。到外边，就是找百货商店、供销社，特别是国家机关。那时候单位都是国家机关。一开始时兴单位开会时发纪念品，我们的包算是上档次的纪念品了。货款当然是用白沟供销社的账号，到账后

----

① 转引自李淼《乡村利益共同体与基层政权的正和博弈》，第34—35页。

由供销社扣去百分之三。这个百分之三没有啥说法，就是供销社会计定的。供销社白赚我们的钱，但生产队得的更多。[①]

3. 从集体副业到家庭副业

到 1974 年，随着白沟地区皮革加工副业的蓬勃发展，县革委会和公社革委会担心这一副业与"割资本主义尾巴"的政策相冲突，对皮革加工采取了打压的策略。

高桥村的人造革加工搞得那么火，上头肯定要管。县革委会开始到白沟公社搞群众运动，"割资本主义尾巴"……什么算资本主义尾巴？这么说吧，作为个人，你只准卖瓜、果、蔬菜这样的纯粹的农产品，但加工过的产品，譬如说馒头，只能是集体经营。结果 ZGQ 等人挨了批判，高桥村的副业也完了。[②]

随着白沟地区生产队副业遭到打压，集体副业逐渐萎缩，但家庭副业却得到了迅速发展。到"文化大革命"后期，随着政府控制力的减弱，家庭作坊式的"地下工厂"遍布白沟各地，呈星火燎原之势。由于政策的不明朗，白沟人造革制品的生产和销售方式从集体公开演变为隐秘的个体家户行为，原来的集体副业转变为各家各户的副业。销售活动由拿着供销社介绍信为生产队集体利益而进行的批量销售活动变成了个人为家庭利益而走街串村赶集式的零星买卖。

1981 年家庭联产承包责任制的推行，实质上把人民公社的集体经营变成了农民的家庭经营，把集体生产单位还原为家庭生产单位，也瓦解了农村人民公社。"劳力归田"的做法一去不复返，家庭生产积极性空前高涨，甚至每家分得的土地只需业务时间即可耕作完毕，这为箱包加工、经营提供了更加充裕的劳

---

① 转引自《乡村利益共同体与基层政权的正和博弈》，第 36—37 页。
② 转引自《乡村利益共同体与基层政权的正和博弈》，第 39 页。

动力。从 1981 年开始，高桥及部分村、街道的农村剩余劳动力开始从土地经营中脱离出来，形成了大量以家庭为单位的人造革加工户，成了箱包加工专业户的雏形，并以高桥村为轴心呈放射状迅速向周边其他村庄扩散。

（三）专业市场在传统集市中孕育

白沟集市作为传统商品集散中心，即使在"文革"期间依然予以保留。到 1979 年，白沟恢复逢农历三、五、八、十日赶集的传统。1980 年，实行"插花集"。按照施坚雅的市场划分①，白沟集市具备了基层市场和中间市场的特征，80 年代初的白沟集市具备较强的集散规模，成为远近闻名的重要集市。

> 每月里边这几天是集日，并不是天天有，农用物资比较多，都到这里卖，到这里交易。当时白沟集非常大，并有几个专业划分。白沟大集历史比较悠久，那个时候就有玩具市，泥娃娃，有些通过火车、客车从南方倒动过来的玩具，有牲口市，到春节增加鞭炮市。生活用品有鱼肉市，建房用的炕席、芦苇等，拆旧盖新，根据当时农村需要。钢筋试产，当时农村比较穷，有结婚的，用八号铁丝编架，用水泥摸上去，用水泥和钢筋做衣柜和桌子，比木料成本低多了。还有木料市，有的是本地旧房拆下来，有的是从东北运过来的松木。我跟你说，在 100 里内，白沟是最有影响力的，有的东北还来这里买骡马等牲口。围绕这方面市场，有将近十来种，形成白沟很大的集日，几乎农村发展物资交流都囊括了。（LYM，20170301）

---

① 施坚雅把市场划分为基层市场、中间市场和中心市场。基层市场位于农村，能满足农民家庭正常的贸易需求：家庭自产、不自用的物品通常在那里出售，家庭需要、不自产的物品通常在那里购买。设有基层市场的居民点被称为基层集镇。中心市场在流通网络中处于战略性地位，有重要的批发功能，一方面可以输入商品并将商品分散到下属区域去，另一方面可以将地方产品输往其他中心市场或更高一级都市中心，相应的居民点称为中心集镇。中间市场在商品和服务向上下两方的垂直流动中都处于中间地位，相应的居民点被称为中间集镇。

　　改革开放前，白沟地区传统集市只是传统农产品的交易场所，一些商民把皮革制品和原材料拿到集市上交易，依托传统集市逐渐自然形成小商品市场，但是这些产品显然不符合当时关于农村集市的政策规定。皮革制品和原材料等不属于农产品，不是可以在集市上出售的货物，这些交易行为都被归为"投机倒把"之列，依托集市而形成的小商品马路市场被视为非法的"黑市"。白沟公社和县革命委员会曾经试图阻止、打击在集市上的"黑市"行为。但是，因为白沟地处三县交界处，商民们采取流动作战的方式逃避打击。

　　按照规定，本县的干部是不能到县境以外行使权力的。如果真要惩治这些犯禁的人们，鉴于他们已经身在 RC 县地面上，那就必须以县革命委员会红头文件的形式知会 RC 县革命委员会，请求那里的干部代为缉捕。这种做法的难处在于，当 RC 县方面的干部接悉文件，同意帮忙并且整队出动时，这些 BG 的老百姓早又携带座套抬腿开溜，这一溜就溜到了旁边的 X 县境内。于是本县知会 R 县的那一套手续又须对 X 县照走一遍，而结果则是 BG 的老百姓又悄悄地转回到自己家门口来做买卖了。这种"游击式"的生意方式构成 20 世纪 70 年代中后期 BG 集市上的一大景观，至今为人所津津乐道。①

　　这些穷怕了的商民同政府捉起了"迷藏"——你来我跑，你追我藏，你走我回，聚散无常，暗地成交。白沟集上管得严了，就跑回高桥村去；官方追到高桥，农民们就转移到小营村；小营站不住了，再跑到宋新庄伙落脚。对白沟地区依托集市而形成的"马路市场"，政府采取的"禁、赌、赶"的政策最终是失败的。到了 20 世纪 80 年代初期，传统商民不再满足于倒腾粮食和充当牲畜买卖的经纪人，他们恢复了往日的经营和生活模式：一方面从附近村庄收购些"小泥货"（即农民用泥土烧制的小玩具）在市场上出售，另一方面则从天津、

---

① 转引自《市场、阶级与社会：转型社会学的关键议题》，第 103 页。

浙江义乌等地长途贩运小文具、小画片和其他小商品到市场上来批发、贩卖，小商品市场得以兴起。同时，围绕着皮革制品，很多商户在白沟集市自发聚集，售卖革制品及革制品原料，白沟集市形成了以小商品和皮革制品为核心的专业市场雏形。

表1-2　1981年以前白沟专业市场发展情况 [①]

年度	专业市场（个）	日流动人数（万人）	上市摊位（个）	上市物资品种（个）	上市物资总值（万元）	每日成交额（万元）
1956	1	3	680	270	34	9
1978	1	1.5	170	300	40	3.9
1981	1	6	1300	550	65	7.5

二、白沟地方政府对市场发展的规范性管理

改革开放前，在计划经济体制下，社会中的生产、消费和分配由政府以统购统销的方式来完成。白沟在"文革"期间已经出现市场活动，但是这些活动是为当时的体制所不容的。白沟的民众在集市上出售座套、箱包等皮革制品，倒卖皮革生产资料，当地政府认为是"资本主义复辟"的表现，必须予以严厉打击，干部们经常在集市上查抄商品。

看到生产队的副业演变成了千家万户的副业，县里专门下发"红头文件"来打击这股"资本主义自发势力"，强调要"车马归队、劳力归田"，并且把白沟一

---

① 数据来源于中国农村市场模式研究课题组：《中国农村市场模式研究》，新华出版社，1993年，第263页。

带兴起的"提包热"定性为"只讲八方生财，不讲社会主义道路"。紧接着开展了全县范围的大讨论，教育农民提高对资本主义和社会主义的认识和辨别能力，宣布不准私人经营加工品，依托白沟传统期集而自然形成的小商品市场被视为非法的"黑市"。县里组织了统一行动，强行取缔了白沟的小市场，并采取突袭包剿的方式，对被扣住的商贩轻则教育罚款，重则没收实物。[①]

在那个政治挂帅、讲究政治正确的年代，基层党政领导首先考虑的是政治得失。在这一时期，县社两级干部对待市场的行为有较大差异。相对而言，与基层共同体关系更疏远的县政府对"弃农经商"之类的行为容忍度更低，与基层共同体联系更紧密的公社干部对商民和农民的经商行为容忍度更高。

这一阶段的农村社会发生了巨大的变化，地方政府开始注意到白沟市场的发展状况，但并没有立即直接介入市场。一方面，地方政府起初没预料到市场后续的大发展；另一方面，地方政府对刚开放的制度环境依然保持观望态度。随着中央推行家庭联产承包责任制，并允许部分商品长途贩运，这一系列的政策变化使地方干部不知道如何看待正在形成的市场，集市上哪些商品可以售卖，哪些商品不允许售卖，没有明确的标准。实际上，在白沟集市初步活跃的情况下，生产用农资材料、农副产品、自行车套等皮革类制品在市场上都有销售。基层政府官员对于这类经商行为，最开始表现出犹豫与迟疑，并加以制止，后来则不加干预，任由集市自由发展。在这一阶段，地方政府对白沟市场的态度主要关注点在于维护当地的社会秩序。在不确定的制度环境下，作为政策的执行者，地方工商部门以规范管理的名义办理营业执照，并收取摊位费和管理费。这样做的好处是在政策不明朗的背景下最大程度降低潜在的政治风险，因为对集市经营者按照摊贩的性质界定就意味着自发形成的集市没有形成统一的市场，不违背中央对市场的限制政策。同时，对出摊的人员收取摊位费和管理费可以

---

① 转引自《乡村利益共同体与基层政权的正和博弈》，第 43 页。

强化秩序的维护，并增加部门收入。

当时的情况下，只要有营业执照，都属于自产自销，不违反国家大政策。那个时候不讲究发展经济，工商管理部门也是睁一只眼闭一只眼，但是那些长期摆摊、有固定门店或者固定档口的经营者必须要办理营业执照，还要缴纳税收。那时直接收工商税，主要是按照营业额，看每天资金流量，基本上按照 3% 或者 5% 征收，最多一个月拿 180。没有营业执照的，工商部门会检查，并要求补办证件。（LYM，20170301）

在基层地方政府相对宽容的政策环境下，白沟地区围绕着传统集市自发形成了专业市场的形态，皮革加工产业业得以持续发展。

三、市场发育与低度资本化积累

（一）非个人所有的产权结构

我国在 1961 年下半年开始普遍实行"三级所有，队为基础"的人民公社新体制。在这一时期，人民公社范围内同时存在五种产权形式，按公有程度，从低到高分别是家庭的、生产小队的、生产大队的、公社的和国家的产权。在人民公社体制下，土地收归公社小生产队集体所有，归生产队支配和使用，这是"队为基础"的先决条件。实际上，生产队的土地所有权是不完全的。1962 年 9 月通过的《农村人民公社工作条例》（修正草案）规定"生产队所有的土地，包括社员的自留地、自留山、宅基地等等，一律不准出租和买卖"。生产队必须按照政府规定的种植计划安排生产，并按照政府规定的政策进行分配，因此，生产队并没有严格意义上的土地使用权和收益分配权。农村的土地资产不属于个人，也没有明确的产权保护，只能是"僵化的资产"[①]。白沟地区土地贫瘠，加上人多地少，在

---

① 《资本的秘密》，2007 年。

人民公社时期一直是"吃粮靠返销，花钱靠救济"，是全县有名的贫困公社。这一阶段，社队企业产权也归集体所有，白沟地区公社和大队创办了一些集体企业，特别是皮革加工类企业，积累了一些集体资产，推动了白沟地区的乡村工业化。

（二）乡村工业化与资产的资本化积累

乡村工业发展是贯穿"大跃进"到"文化大革命"，再到 20 世纪 80 年代的一条主线。资本的集体积累推动了最初的社队企业成长，在 80 年代继续推动了乡镇企业的进一步发展。早在 20 世纪 30 年代，费孝通先生就认识到乡村工业对于农村经济的重要性，也提出了乡村工业复兴的方案，但是费孝通也认识到乡土重建面临诸多问题，例如资本积累、现代技术引入问题，这些在 30 年代是没办法解决的。[①] 白沟地区的集体工业发育，特别是皮革加工业的兴起早期所需要的机器设备等主要由集体进行资本投入，一定程度上解决了费孝通所提出的乡土重建的资本积累问题。20 世纪六七十年代白沟社队集体企业发展，所有权实际掌握在生产队手中，具体分配并不像在国营工厂系统那样通过标准工资，而是直接基于社员产出。正如黄宗智对长三角社队企业的研究所得出的，社队企业虽然处于集体体制，具体分配仍是一个非常"物质性"的刺激结构，而非一个只靠"政治"或"精神"的刺激结构。[②]

随着白沟皮革加工副业受到一定限制，家庭逐渐成为皮革加工业的生产主力。在资本短缺的时代，家庭通过土地、废旧物资和设备的再利用，实现乡村工业化过程中的资本积累。假定市场条件适宜，并有足够的剩余，小规模的家庭生产单位当然可能成为积累和资本化的单位。在家庭生产的过程中，农户利用宅基地的空间进行生产。当时，集体允许农户长期占有、使用宅基地，且无须缴纳费用。这是白沟皮革加工业能够持续发展的重要基础，大部分家庭作坊

---

① 费孝通：《温州行》（上），《瞭望》1986 年第 20 期。费孝通：《小商品 大市场》，《浙江学刊》1986 年第 3 期。

② 《华北的小农经济与社会变迁》，2000 年。

都是利用自有宅基地组织生产。

（三）资产的有限资本化与弱市场关联

在这一时期，白沟地区以土地为核心的资产基本都归集体所有，农民只有零星的自留地，这种产权结构不利于资产的流通进而实现资本化扩张。家庭工业虽然存在，但主要是为了农户日常的生活消费，而不是为了市场进行生产，或者仅仅是为了换取少量货币来贴补家用。这时的工业产品与市场的关联度很低，即使生产的产品卖不了，也不会对日常生活产生实质影响。家户只能占有少量可以生产非农小商品的原材料，而且皮革加工等非农小产品主要流通渠道是国有供销系统，尚缺乏合法的能够自由交易的市场空间。这种情况下，自发形成的地下市场基本处于被政府限制的状态。这一时期，社队副业和家庭工业的资本化程度不高，更多的是零星资产资本化，并且产销分工尚未完全形成，工业资本和商业资本尚处于发育期，资本尚未充分结合。

第三节
———

小结

通过访谈和相关文献材料，本章对义乌和白沟早期专业市场的发展进行分析，勾勒了义乌和白沟专业市场早期发展形态。义乌和白沟的专业市场的孕育都依托于传统农村集市贸易，在政策对商品经营活动放松管制后，两地原有的商业文化得以复兴，推动了专业市场的孕育。义乌原有的经济基础和自然条件在浙江省内都不算突出，但历史积淀形成的"鸡毛换糖"商业文化使其小商品市场迅速崛起。白沟的皮革加工看似偶然，但是白沟地区独特的区位条件和经商传统，使得皮革加工业规模的壮大与专业市场的产生成为必然。十一届三中全会前，在义乌和白沟的商民利用传统集市摆摊设点开展市场交易的过程中，地方政府并未采取统一的社会号召和行政命令来支持市场发展，反而采取禁止或打压措施抑制市场的发展；十一届三中全会后，随着党和国家工作中心转移到经济建设上，地方政府在制度环境不明朗的情况下对市场发展采取"放任"的态度。因此，义乌和白沟专业市场的发育是传统商民、农民和地方干部彼此之间社会互动所形成的结果，地方干部对市场活动的"不管"或"放任"于民间经济有着正面、头等重要的意义。[①] 在这一阶段，义乌和白沟土地、劳动力等发展要素资源实现了初步的资本化，小商品经营者和家庭工业者实现了初步的商业资本积累和农村工业化的资本积累。

---

① 《市场、阶级与社会：转型社会学的关键议题》，2007 年。

第 *2* 章

市场发展与
政府引导型治理

1982 年 9 月 1 日，党的十二大指出，"要鼓励劳动者个体经济在国家规定的范围内和工商行政管理下适当发展，作为公有制经济的必要的、有益的补充"。[①]政府与市场的关系开始得到重新关注，市场在资源配置中的作用也重新得到重视。同年 9 月 19 日，国务院批转了国家物价局等部门《关于逐步放开小商品价格实行市场调节的报告》，决定将 159 种小商品价格正式放开，实行市场调节，要求各地有计划地逐步放开小商品价格，促进小商品生产，搞活小商品流通[②]，三类工业品中的小商品得以放开。1984 年 7 月 19 日，国务院转批国家体改委、商业部、农牧渔业部《关于进一步做好农村商品流通工作的报告》，提出积极发展多渠道流通，认真探索搞活流通的新途径、新形式，鼓励农民进入流通领域。1984 年 10 月 20 日，《中共中央关于经济体制改革的决定》指出："当前要注意为城市和乡镇集体经济和个体经济的发展扫除障碍，创造条件，并给予法律保护。特别是在以劳务为主和适宜分散经营的经济活动中，个体经济应该大力发展。"[③]该决定为个体经济的发展提供了政策上的保证。

---

① 胡耀邦：《全面开创社会主义现代化建设的新局面 —— 中国共产党第十二次全国代表大会上的报告》，https：//www.cntheory.com/tbzt/sjjlzqh/ljddhgb/202110/t20211029_37378.html。
② 《广东省人民政府转发〈国务院批转国家物价局等部门关于逐步放开小商品价格实行市场调节的报告的通知〉》(粤府〔1982〕270 号)，http：//www.gd.gov.cn/zwgk/gongbao/1982/4/content/post_3354049.html。
③ 《中共中央关于经济体制改革的决定》，中共中央文献研究室编：《十二大以来重要文献选编(中)》，人民出版社，1986 年，第 580 页。

1987 年党的十三大报告对计划与市场的关系有了进一步深入的认识，进一步指出我国经济体制应该是计划与市场内在统一，明确提出要建立新的经济调节机制，就是"国家调节市场，市场引导企业"的机制，进一步明确了市场机制在社会主义经济中的地位和作用。1990 年 11 月 10 日，国务院发布《关于打破地区市场封锁进一步搞活商品流通的通知》，提出维护企业生产经营自主权、确保商品流通畅通无阻、严格执行财政税收管理制度、强化银行信贷支持、加强物价管理、打破地区间的市场封锁，进一步搞活商品流通。

这一系列政策、法规、配套制度的出台，为城市和农村的经济体制改革打下了理论基础、法律基础和制度基础，有利于加速商品的生产和流通，推动我国农村地区个体私营经济的蓬勃发展。广大农民在兴商办企业的实践中，创造出各有特色的经济发展模式，为农村致富，为促进市场化、工业化和整个经济的改革和发展，积累了新的发展经验。

各地乡镇企业和民营企业的快速发展，为专业市场的迅速发展奠定了产业基础和供给基础。义乌和白沟地方政府主动参与专业市场建设，通过发展流通经济带动地方经济发展。义乌和白沟地方政府的科学规划与引导充分释放了市场发展的活力，专业市场的发展速度加快，市场的规模不断扩大，专业市场的辐射范围不断扩大。

第一节
———

义乌政府主动释放市场活力

一、政府支持下义乌小商品市场的发展演化

（一）第一代小商品市场

1982 年 9 月，义乌县委、县政府尊重人民群众发展小商品贸易的强烈要求，毅然决定开放小商品市场，首先开放了稠城镇湖清门小百货市场。随后出台"四个允许""五项扶持"等相关政策支持市场建设。为了解决市场经营空间的问题，义乌县委县政府及工商管理部门加大市场硬件投入，提升市场硬件设施。1982 年 9 月，县工商局下属城阳交易所投资 1.5 万元，在稠城镇湖清门河道上铺设水泥板，使市场占地面积达到 4252 平方米；在县计委和森工站的支持下，投资 0.5 万元，设置水泥板摊位 291 个、木板架摊位 240 个，建成一个因陋就简的露天市场。小商品经销者获得了合法的市场经营主体地位，大量农民纷纷加入经商队伍，并逐步转变为职业商人。第一代小商品市场由此应运而生，并迅速发展。据城阳区工商所统计，1982 年底，湖清门小百货市场有 705 个摊位、800 多名小商贩；经营小商品 2100 余个品种，其中小百货 505 种、小五金 425 种、小针织 455 种、小塑料 361 种、小玩具 254 种。小商品来源，由县国营集体商业批发的占 10%，县社队企业和家庭手工业生产的占 25%，从外省进货占 65%。1982 年，市场摊位 705 个，参加购销交易人数两三千人，市场成交额 392 万元。1983 年，市场摊位发展到 1050 个，购销人数达五六千人，成交

额达到 1444 万元。1984 年，市场摊位发展到 1887 个，年成交额 2321 万元。[①]
小商品市场的发展，进一步促进了农民经商办企业。1984 年，义乌全县企业总
数 486 家，从业人数 28081 人，工业总产值达到 30754 万元。[②]

（二）第二代小商品市场

1984 年，党的十二届三中全会通过《中共中央关于经济体制改革的决定》，
提出发展社会主义商品经济，我国市场化改革向纵深发展。在此背景下，义乌
县委、县政府果断提出"兴商建县"的总体发展战略，把市场放在义乌经济社
会发展中的核心地位，把商贸业作为义乌重点打造的主导产业，大力发展小商
品市场。这一战略决策激发了民众从事民间商业活动的热情，义乌涌现出一批
批经商务工的能人，义乌市场进入快速发展的新阶段。县工商局在县委、县政
府的支持下组织实施新马路小商品市场建设。市场建成后，原来的小百货市场
从湖清门迁到新马路，改名为义乌小商品市场，此为义乌第二代小商品市场。
县政府筹资 57 万元，建成的市场占地 1.35 万平方米，钢架玻璃瓦棚顶，水泥
板摊位，每个摊位占地 1 平方米，固定摊位 1800 个。市场中心建有 300 平方米
的四层服务大楼一幢，内设餐厅、招待所、小卖部、小商品寄存处、银行营业
所、问询广播室等服务设施。[③]

义乌小商品市场结束了原始的沿街为市的方式，成为常年不断、有专门经
营场所、服务设施和管理机构健全的新市场。新马路小商品市场主要经营小百
货、小五金、塑料玩具、针织、服装五个大类，2740 多个品种。1985 年摊位
数增至 2847 个，其中固定摊位 2374 个、地摊 279 个、流动摊位 194 个，市场
成交额超过 5000 万元。市场产品的流通范围逐渐跨出本县及周边范围，辐射到
整个浙江及安徽、福建、江西和江苏的部分城镇。市场交易非常活跃，淡季每

---

① 《义乌市志》（第二册），第 553—554 页。
② 《义乌市志》（第二册），第 650 页。
③ 《义乌县志》，第 273 页。

天约 1.8 万人次，旺季达 2.5 万人次，高峰期 3 万人次。1985 年上缴国家税收 129 万元，管理费（包括摊位费）66 万元，分别为上年的 2.16 倍和 3.47 倍。[①] 义乌小商品市场成为一个以个体商贩、经营小商品、批量销售为主的专业市场。同时，义乌有不少小商品经营户在我国西南、西北各省、区大中小城市设摊经营，形成以义乌小商品市场为母体的派生市场。

（三）第三代小商品市场

随着义乌小商品市场影响力扩大，交换商品增多，义乌本地人和外地人对小商品市场的摊位需求越加旺盛。原有的新马路小商品市场已经不能适应新形势发展的需要。义乌县委、县政府通过调查研究，于 1985 年 7 月通过联席会议确定集中财力物力兴建新一代小商品市场。市场建设领导小组由分管副县长牵头，由工商局领导担任建设现场总指挥，各相关业务部门参加。1986 年 9 月，城中路小商品市场建成开业，市场第三次搬迁，由新马路移址城中路边。此为第三代小商品市场。

第三代小商品市场仍为棚架结构，混凝土地面，水泥板摊位，石棉钢瓦盖顶。市场总投资 440 万元（其中市场部分由工商部门投资 180 万元，其他管理服务单位用房由相关单位投资 260 万元），市场面积 43353 平方米，设有固定摊位 4096 个、临时摊位 1387 个，其中服装摊位 1370 个，经营品种 3000 多种。第三代小商品市场面积较第二代扩大了数倍，建设资金投入也增加了数十倍。建成当年，小商品市场成交额首次突破亿元大关，达到 1.0029 亿元，上缴税收 284 万元，市场管理费 96 万元，奠定了义乌市场的先发优势。[②]

市场开业不久，摊位即被全部占满，而要求进场设摊经营者仍络绎不绝。为了满足商户需求，在第三代市场建成后的几年间，市场三次就地扩建。1987

---

① 《义乌市志》（第二册），第 556 页。
② 《义乌市志》（第二册），第 557 页。

年，投入建设资金 25 万元，把场内停放自行车的场地改设摊位；同时沿街两侧设置水泥板露天摊位，以安置有营业执照而无摊位的经商者。1988 年，投入建设投资 150 万元，在小商品市场东北角新建针织品市场，扩大市场面积 9500 平方米，增加摊位 1386 个。1989 年，投入建设资金 58 万元，在篁园路上扩建一个钢架、天穹式的小百货市场，占地 4548 平方米，增加摊位 1386 个。经过三次扩建，至 1990 年底，小商品市场占地面积增至 5.7 万平方米，摊位增至 10000 余个，其中固定摊位 8503 个、临时摊位 1500 多个。[①] 至 1991 年底，小商品市场成交额增至 10.1 亿元，市场辐射到整个华东地区及国内更远的省份。义乌小商品市场成为全国最大的小商品专业批发市场，市场成交额跃居全国各大专业市场之首。义乌全市整体上初步形成以稠城镇为核心，以义乌小商品市场为龙头，向其他五个城镇发展，大中小型结合、集中与分散相结合、农副产品与小工业品相结合、批发与零售相结合的多功能、多门类、多形式、多层次的市场群落体系。

这一阶段，义乌政府顺应民意，敢于创新，敢于突破，适时地引导和鼓励民间商业活动，为市场发展创造了良好的外部环境，逐渐形成大型专业化市场，带动了整体经济快速发展。尤其是在 20 世纪 80 年代末姓"社"还是姓"资"的争论中，义乌政府能够坚定不移地肯定个体经济的重要地位，为商品经济发展提供了宽松的土壤，为义乌小商品市场的发展奠定了先行优势。

二、义乌政府对市场的引导型治理

(一) 明确"兴商战略"，释放小商品市场活力

从 20 世纪 80 年代初开始，随着国家政策的放宽和社会对经商的呼声日渐强烈，义乌政府对市场的理解尤其是专业市场对地方经济发展意义的认识进一

---

① 《义乌市志》(第二册)，第 557 页。

步深化。市场从以前被批判的对象转变为地方经济发展的核心手段，建设市场这一系统工程是义乌社会经济发展的命脉，政府必须加强领导、统筹规划、有效协调。

1. 开放小商品市场

随着小商品经营的日益兴旺，小商品市场导致的环境问题、交通秩序问题与潜在的"姓资姓社"问题困扰着政府相关部门，引发出大家对小商品市场到底是义乌的发展优势还是包袱的争论。针对这种情况，义乌县委、县政府组织工商管理等相关部门抽调人员，进行了广泛、系统、深入的调查，得出这样的结论：合法经营的占50%以上；基本合法、稍有问题的占40%左右；有投机倒把行为的仅占4%—5%。[①]实地调研结果，增加了义乌主要领导开放市场的信心。在一次县级机关干部大会上，义乌县委书记谢高华提出："义乌的小商品经营活动不是一大'包袱'，而是义乌的一大优势。"义乌县委常委也很快统一了思想，形成了开放义乌小商品市场的共识。在此基础上，1982年9月20日，义乌县委作出开放义乌小商品市场的决定，义乌县政府发出通告率先开放义东廿三里和稠城两个小商品市场。

金华地委书记厉德馨对谢高华的支持和鼓励坚定了他开放小商品市场的决心：

你先去大胆干，希望你干出成绩来。有什么问题，出了什么情况，由我一起扛。尊重群众的首创精神。允许看，允许试，不轻易下否定的结论。尊重经济发展的规律和基层实践。不唯书、不唯上，只唯实。[②]

上级政府官员的认同使谢高华放下了顾忌，开始逐步采取"明管暗放"的

---

① 《小商品 大市场——义乌中国小商品城创业者回忆》，第4页。
② 何恃坚、何建农：《义乌不能忘记：谢高华》，上海社会科学院出版社，2018年，第57页。

办法，有选择地发放一部分许可证，派出部分干部维护市场秩序，收取市场管理费，同时抓税务管理。针对群众中普遍存在的既想干又怕干的心理，县委围绕如何开放小商品市场作出了四条决定：一是大胆拨乱反正，对过去在"左"倾思想影响下处理的经济案件进行重新审查，对冤、假、错案坚决予以拨乱反正，摘掉那些莫须有的帽子，为蒙冤者恢复名誉，尤其是抓住在义乌影响很大的所谓"资本主义大王"的错案，进行公开平反。二是县委、县府召开了支部书记以上的党员大会，大力表彰经商办厂的能人，明确提出干部、党员在新的历史条件下，要大胆带头致富，带领群众致富。三是召开专业村、致富重点户、农村率先致富能人先进代表大会，对那些勤劳致富的能人，大张旗鼓地给予表彰和奖励，由县委、县政府发给"勤劳致富光荣"的奖状。四是要求县有关部门大力支持群众从事商品生产经营，要开"绿灯"：工商部门要准予登记，发给营业执照，给大家吃"定心丸"；银行要准予开户；财税部门要开源积流，培植税源，合理合法收税；执法部门要对合法经营者予以支持，为其保驾护航。① 这一些得人心、顺民意的政策、决定出台后，有关部门认真贯彻落实，使义乌百姓真正放开手脚，积极投入小商品市场的发展洪流中。

根据义乌县委 1982 年的文件《解放思想，搞活管好小商品市场——开放稠城镇小商品市场的情况》记载，开放小商品市场发挥了增加经营主体收入、弥补国有集体商业不足、增加政府税收等多种正面功能，激发了城镇和农村个体劳动者经营小商品的主动性、积极性，推动了更多的个体加入小商品经营。

2. 实施"四个允许"，释放农民经商活力

1981 年，义乌县农村实行土地承包到户的改革。农民有了支配劳动时间的自主权，劳动效率大大提高，义乌县内剩余劳力大量出现，进城经商的农民数量越来越多，形成想赶赶不走、想堵堵不住的局面。小商品市场放开后，农民进城经商的意愿非常强烈，但农民弃农经商在过去是不被允许的，商户长途贩

---

① 《小商品　大市场——义乌中国小商品城创业者回忆》，第 6 页。

运也被视作禁区。如果按照既有政策阻止农民经商，必然严重阻碍商业活力的发挥与运作。是否允许农民经商成为义乌县委县政府迫切需要解决的问题。时任义乌县委书记的谢高华指出：

> 允许农民经商，可以说是困扰义乌多年的一个问题，因为义乌人多地少，我来的时候已经联产承包，分田到户，实际上田是不够种的，大量的劳力闲置出来，如果允许经商，老百姓一定放开手来干了。[①]

通过广泛深入的调查研究，义乌县委、县政府意识到农民从事小商品生产经营对农民、地方经济发展都有益处。义乌县委经过反复研究后，在1982年12月形成的《关于大力支持专业户、重点户发展的几点意见》中提出了"四个允许"的决定，即允许专业户、重点户在生产队同意下将承包的口粮田、责任田自愿转包给劳动力强的户；允许专业户、重点户在生产需要的情况下，经过批准，雇请三至五个学徒或帮手；允许专业户、重点户在完成国家征购、派购任务，按照合同交足集体后，将自己生产的农副产品继续卖给国家，也可以向市场出售；允许专业户、重点户在国家计划指导下，完成国家征购、派购任务后，把自己的产品（除粮食及其制品外）长途运销。一年后，义乌县委又进一步概括明确了"四个允许"内容，即"允许农民经商，允许长途贩运，允许放开城乡市场，允许多渠道竞争"。"四个允许"是对农民经商需求的主动政策回应，解除了对义乌农民群体参与商品经济的束缚，促进了生产力大发展。政策出台后，1984年义乌小商品市场从业人员5694人，其中农民达到5401人，占94.8%，而且义乌全县农民经商者占农村劳动力总数的10%以上，表明农民经商是义乌市场兴起的基础。

---

① 《义乌不能忘记：谢高华》，第45页。

3. 实施兴商建县（市）战略

经过开放小商品市场的争论与允许农民进城经商的提出，义乌领导层对发展小商品市场和市场经济的认识更加深刻了，大力发展商贸业的思路越来越明确，并逐步确定了兴商建县的发展战略。1984 年 10 月，县委书记谢高华在全县区镇乡党委书记会议上首次提出兴商建县的战略思想：

> 义乌的人民有经商的传统，有一批人才有经商的本领，再加上交通较好，要发挥这个优势，发挥这个传统的作用，"要兴商建县"。把商业搞大、搞活，促进商品生产发展，加速我县的经济建设。[①]
>
> 义乌的优势，就是这支上万人的"鸡毛换糖"队伍。这支队伍了不起啊！我们就以这支队伍作为义乌经济发展的优势，提出"兴商建县"的发展战略。商业资本积累了，可以搞工业，可以搞城市建设，可以促进农业现代化，一切都可以做了。[②]

谢高华所提出的"兴商建县"战略思想力图通过发挥经商的规模效应，进而以商贸为主导，促进商贸、工业、农业相结合，达到城乡一体化，带动地方经济全面发展。1985 年 2 月，义乌县委书记赵仲光在全省农村工作会议上正式宣布兴商建县为义乌区域发展战略。1988 年义乌撤县建市后，市委、市政府积极实施"兴商建市"总体发展战略，继续把商贸作为义乌的主导产业，要求职能部门通过完善基础设施、协调资金用地、加强市场管理推动市场不断发展。"兴商建县（市）"战略是原有支持发展小商品市场政策的深化，确立了小商品市场在义乌经济发展中的龙头地位，也确立了市场体制引领义乌经济的发展观，奠定了义乌经济社会发展的战略思路。

---

① 谢高华 1984 年 10 月 5 日在全县区（镇）乡党委书记会议上的讲话。转引自陆立军、白小虎、王祖强：《市场义乌：从鸡毛换糖到国际贸易》，浙江人民出版社，2003 年，第 177 页。
② 《义乌不能忘记：谢高华》，第 47 页。

义乌市场作为一种制度创新，是在市场主体发动和政府主体的共同作用下，才取得社会的认可和经济上的成功。尤其在市场建设初期，政府在充分调研的基础上，发布了《关于加强小百货市场管理的通知（第一号）》（1982年），提出"四个允许"，开放小商品市场。随后提出"兴商建县"的发展战略，进一步释放了义乌城乡的经济发展活力。在20世纪80年代"姓资姓社"的大讨论中，义乌县委、县政府保持清醒头脑，牢牢把握义乌经济社会发展的主攻方向，为市场发展破除了思想和体制障碍，明确了市场主体的合法身份，进一步推动了市场和地方经济的发展。

（二）通过创新性税收政策支持市场发展

在廿三里集市阶段，工商所对摊位经营者每人每天收取1元的管理费，税务所向经营户收取每人每月30元的定额税收；湖清门小百货时期，税务部门采取巡回征收办法，当场开票，计日征收，门板摊1元，米筛摊0.5元。[①]在小商品市场放开后，关于如何征税遇到了难题。当时仍沿用对资本主义工商业改造时的八级累进税，即经营得越好，税费也越高。但由于小商品市场的迅猛发展，这种税收政策和征管办法遇到了执行上的难题。按照谢高华的说法：

几千个摊位，几万人加工、经营小商品，并且商品种类多，价格又是随行就市，上午卖5元的，下午可能只卖1元，很难凭税票计征税。再加上当时在小商品市场经商的个体户资本很少，做的都是小买卖，有些个体户确实有逃税行为。所以，税收干部收税难，搞得苦不堪言。而个体户也怨声载道，说：税收干部收税像抓贼一样，赶来赶去抓逃税的，搞得"鸡飞狗跳"，生意都没法做。好多个体经营者直接找我来反映这一情况。[②]

---

① 《义乌市志》（第二册），第552页。
② 《小商品　大市场——义乌中国小商品城创业者回忆》，第18页。

为了解决税收问题，县委、县政府主要领导和相关人员深入小商品市场和加工小商品的村户搞调查，经与税务部门商讨，从有利于调动农民积极性角度，制订有利于小商品市场开放、发展，又有利于国家收税的办法。最后，县委、县政府本着发展生产、培植税源、造福人民的指导思想，采用"定额包干计税"法，即按摊位地段和商品类别，经自报公议，确定每一摊位的应税营业额，按税率计算出纳税定额，一年一定，按月交税。这一收税办法得到了金华地委书记董朝才的充分肯定与支持，出台后受到了商户的欢迎，财税部门工作也顺利很多，既有力地促进了市场发展，又增加了国家的税收。这种税收办法在全国属于首创，因此争论很大，有人认为这种税务包干有偷税漏税的嫌疑。财政部领导要求浙江省委书记王芳查处。王芳对税收办法问题很谨慎，没有轻易否定，而是特意请省财政厅同志到义乌进行调查。省财政厅同志经过调查，认为义乌推出的税收办法是可行的，但是还欠妥，还需要在实践中不断加以完善。[①] 这事实上是对义乌所推行的税收办法的理解和支持。可以说上级政府领导的开明与袒护确保了制度创新的突破。1984 年，县财税部门继续实施按照商品类别和经营情况分等级核定每月营业额依率计征的办法。1986 年 9 月，县财税局制发《义乌小商品市场税收征收管理暂行办法》，提出的税收原则是"发展生产、培植涵养税源、合理税负，促进市场进一步繁荣兴旺"。随着前店后厂和规模化经营商户的出现，义乌县政府在"培植涵养税源"的操作过程中采取分类施策：对小型的纯商业经营户，依然采取定额征税的办法；对前店后厂个体经营户实施源泉控管；[②] 对营业额较大、经营正常的大户实行查账计征的办法。这种持续的"放水养鱼"政策，切实减轻了个体经营商户、个体加工户的经营负担，带动了区域工商业发展，实现了企业经营户满意、财税工商满意、市场兴旺的局面。这种放水养鱼政策确实也达到了增加地方税收的目的。从 1982 年开始，义

---

① 《小商品 大市场 —— 义乌中国小商品城创业者回忆》，第 19 页。

② 一部分摊位摊主主要销售自己加工的产品，已在加工所在地交税。为了避免双重纳税，在出示的税票与所销售的商品相符的情况下，可以不再向小商品市场税务所缴税。

乌小商品市场税收收入增长迅速，以平均每年翻一番的速度增长，由 1982 年的 15.4 万元，增加到 1991 年的 3000 万元；占全市财政收入的比重也不断提高，由 1982 年的 0.64% 增加到 1991 年的 28%。

表 2-1　义乌 1982—1991 年税收收入情况 [①]

年份	税收（万元）	税收增长率	占全市财政收入比例
1982	15.4	—	0.64%
1983	32	107.79%	1.12%
1984	60	87.5%	1.02%
1985	135	125%	2.03%
1986	283	109.63%	5.24%
1987	580	104.95%	9.45%
1988	986	70%	11.09%
1989	1487	50.81%	17.45%
1990	2148	44.45%	24.1%
1991	3000	39.66%	28%

（三）通过银行贷款政策为市场发展提供资金保障

随着义乌小商品市场的发展，很多个体工商户积累的资本难以支持规模化的业务扩张，资金需求日益旺盛，而银行等金融机构的贷款是重要资金来源。为了扶植工商户发展，义乌政府引导银行等机构加大对工商户的贷款支持力度，由此出现了有义乌特色的贷款模式。

---

① 据义乌历年统计年鉴统计。

1980 年，中国农业银行义乌支行就在福田信用社探索个体工商户贷款，当年给 540 户个体经商户贷款 1.67 万元；1982 年给廿三里信用社 860 余户个体经商户发放贷款 17.2 万元。1984 年以后，义乌的信用社对家庭工厂放开贷款支持。以杭畴乡杭畴村为例，该村以袜业为主的家庭工厂 95 家，贷款 92 家、73 万元，年产值 230 万元，创利润 29 万元。1987 年，义乌从事小商品制造的家庭工厂贷款户 4418 户，贷款余额 2648 万元，分别占家庭工厂总户数和贷款总额的 55.7% 和 67.3%。[①] 为支持义乌第二代小商品市场发展，1984 年 12 月，中国农业银行贷款 35 万元给义乌工商部门，解决了义乌小商品市场发展的资金短缺问题。同时，农业银行在市场设立服务部，专门为小商品个体户服务，当年发放贷款 25 万元。1985 年，农业银行贷款给义乌工商部门 180 万元，支持义乌第三代小商品市场的易址扩建。同时，农业银行义乌支行进驻小商品市场，服务部升格为分理处，扩大业务范围，增加贷款数额。

1986 年 7 月，义乌县委、县政府下发《关于进一步搞活义乌小商品市场的若干意见》，明确规定了个体工商户贷款的条件、额度和服务时间等细则。之后，农业银行小商品市场分理处对个体工商户采取择优扶持、存贷挂钩的办法，即"先存后贷、多存多贷、以贷促存、适时调节"的信贷管理方法。1987 年，农业银行小商品市场分理处又制定出"先存后贷、存贷挂钩、以存定贷、摊位连保"的个体工商户贷款管理办法，有效地组织了市场上的闲散资金，提高了贷款的透明度，大大降低了贷款风险。1986 年下半年以后，义乌其他金融机构也纷纷进入小商品市场，设立专门为场内经营户服务的办事处、分理处，为个体工商户提供存、贷、汇一条龙服务，个体工商户贷款迅猛增长。至 1991 年，个体工商户获取金融机构贷款余额达 6121 万元，占整体贷款比例由 1986 年的 2.48% 增加到 11.87%。

---

① 《义乌市志》（第二册），第 1125 页。

表 2-2　1981—1991 年义乌各项贷款统计表 [①]

单位：万元

年份	贷款合计	短期贷款小计	短期贷款							
			工业贷款	商业贷款	农业贷款	乡镇企业贷款	建筑企业贷款	三资企业贷款	个体工商业贷款	其他短期贷款
1981	5393	5111	1078	3119	197	717	—	—	—	—
1982	7591	7184	1546	4670	267	701	—	—	—	—
1983	8427	8063	1811	5079	418	755	—	—	—	—
1984	13715	13273	3534	6573	1012	2154	—	—	—	—
1985	18033	16328	4671	7230	1280	2863	—	—	—	—
1986	25964	23952	7055	8670	2324	5046	213	—	644	—
1987	31715	29031	8001	9602	7401	2215	333	—	1479	—
1988	40033	36081	10612	11204	3544	6776	711	—	3196	38
1989	48738	43114	12054	12488	4411	8661	1237	—	4136	127
1990	60295	53816	14283	13611	6542	11056	2161	—	6121	42
1991	74557	65082	16030	14111	9916	13494	2682	—	8849	—

除了对商贸业给予金融支持外，义乌银行机构还对家庭工业户尤其是成规模的小商品制造类乡镇企业给予贷款支持。银行针对义乌乡镇企业的贷款支持，从 1981 年的 717 万元增加到 1991 年的 13494 万元，占整体贷款比例由 1981 年的 13.29% 增加到 1991 年的 18.1%。

（四）优化市场的组织管理体系

在市场的演化过程中，义乌地方政府根据市场制度环境和市场管理实际需要，不断优化市场的组织管理体系。在第一代和第二代小商品市场时期，工商部门代表政府扮演了市场建设者和管理者的双重角色。随着第三代小商品市场的建成，政府相关部门都参与到市场的管理当中，并且日益强化了政府对于市

---

① 根据《义乌市志》（第二册）"金融保险篇"相关数据整理。

场的服务功能，不断提高市场组织化、制度化、规范化、法制化的管理水平，在推动市场有序经营、扶持个体工商户发展方面发挥了重要作用。

义乌工商管理部门对第一代小商品市场的管理，仍然属于城乡集贸市场管理的范畴，到第二代小商品市场运行时则进入了专业化管理阶段。工商管理部门总结以往管理经验，完善管理体制，健全管理机构。工商部门成立市场工商所，并且相继成立税收稽征组、个体劳动者协会（简称"个体劳协"）、治安管理委员会等组织，形成较为健全的管理机构。到第三代小商品市场建立时，市场的管理体制是一种宝塔型、网络化的管理系统。第一层是县委、县政府专门成立的义乌小商品市场管理委员会（以下简称"管委会"），由分管财政的副县长兼任主任，由工商、财税、城建、公安、商业、金融、个体劳协等部门和组织的领导担任委员，以统一协调各部门之间的关系。第二层是义乌工商局，其下属的义乌小商品市场工商行政管理处负责对市场的日常管理。管理处下辖交易区、服务台、劳协小组。随着市场规模的扩大，一系列交易区从市场中分化出来，市场的管理幅度、管理难度加大，迫使政府继续优化市场管理模式。从1990 年 6 月开始，市场管理实行分级化、专业化的管理体制，市场分为 4 个板块，设立 4 个交易区，同时设 16 个服务台。管理模式从集中管理转变为工商所—管理区—服务台的"三级管理"模式，形成了"工商所抓大事，交易区抓实事，服务台抓小事"的管理格局。另外，在政府专业化管理基础上，义乌地方政府注意发挥社会组织与政府组织的联动，使社会组织成为市场治理的重要参与力量。例如义乌政府发挥个体劳协、个体劳协党团支部、小商品市场治安联防队等组织自我管理、自我教育的作用，协助工商、税务等政府部门做好市场秩序治理。①

为了确保市场管理体系有效运行，义乌政府强化了对市场管理体系的制度化建设。例如在税收管理方面，明确定额定期、源泉控管、查账计征等征税的

① 《市场义乌：从鸡毛换糖到国际商贸》，第 165—166 页。

相关条款与操作细则，在征管过程中实行专业管理与群众管理结合策略，为相关标准的确定和政策有效落实奠定了良好的群众基础。同样，在规范市场秩序方面，明确规定按号入位、挂证（营业执照、税务登记证、摊位证）经营，取缔无证经营，实行明码标价和信誉卡制度，禁止场外经营，禁止假冒伪劣、短斤少两、走私贩私等违章违法经营。这些制度化的经营标准为经营商户提供了规范化的经营指引，为管理者提供了执法依据，有利于塑造公平、公正的竞争秩序，从而提升市场声誉。

（五）通过规制市场失范行为确保经营环境安定有序

小商品市场经营的多为技术门槛不高、容易仿制的日常生活用品，所以假冒伪劣产品较多。为了维护市场经营秩序，义乌工商局加大对非法经营者的打击力度，而且常抓不懈。

从 1981 年以来，义乌政府坚持"信誉是商品的生命，也是市场的生命"，采取"大打大繁荣、小打小繁荣、不打不繁荣"的指导方针，严格查处制售假冒劣质商品、无照经营、走私贩私、买空卖空、欺行霸市、囤积居奇、哄抬物价、以次充好、以假充真、掺杂使假、短尺少秤等违反市场秩序行为。对偷税漏税行为，义乌政府根据相关规定对商户进行查处补交税款行动。按照市场税务所规定实际营业额超过定额 20% 以上的，应及时向税务所申报补税；如不自动申报，一经查获，按偷税论处。几年下来，通过自查和重点查，补交税款数百万元，其中 1987 年 47 万元，1988 年 45 万元，1989 年 62 万元，1990 年 60 万元，1991 年 65 万元。[①] 这些查缺补漏的执法行为，为国家挽回了大量税收收入，也规范了市场经营秩序。

---

① 《义乌小商品市场研究》，第 86 页。

表 2-3　1981—1991 年义乌工商局查处违法违章案件情况 [①]

年份	案件数量（件）	罚没款（万元）
1981	3096	13.46
1982	886	11.95
1983	193	4.01
1984	233	1.97
1985	177	7.76
1986	782	20.36
1987	4198	34.5
1988	2867	32.3
1989	594	42.05
1990	677	66.2
1991	449	111.98

　　伴随着义乌小商品流通业的迅猛发展，依托小商品市场形成了联托运业务，由于政府对新兴的联托运业务缺乏管理经验，缺乏有效的市场准入和监管机制，联托运市场秩序混乱，无证经营、买卖牌照、偷税漏税、敲诈客户、打架斗殴等恶性现象时有发生，使得经营线路很难固定，对小商品市场的经营产生了消极影响。义乌市委、市政府在了解清楚相应情况后，组成由工商、公安、交通、财税等多部门参加的工作班子，由市长亲自挂帅，于 1990 年 6 月开始着手清理整顿联托运行业。经过整顿，共查处偷税漏税、超规定收费 85.86 万元，取缔违法经营线点 7 个，并依法处理了一批为非作歹分子。同时，政府对 70 条线路进行公开招标，让社会各界参与竞争。[②] 在义乌政府激浊扬清的治理举措下，联托运行业市场秩序得以恢复正常。

---

① 　根据《义乌工商行政管理志》（2002 年版）整理。
② 　《义乌小商品市场研究》，第 82 页。

三、市场治理效果

（一）推动小商品市场跨越式发展

在这一阶段，义乌小商品市场处于计划经济体制向市场化改革的过程中，在新旧体制、新旧观念的激烈碰撞中发展。义乌开放小商品市场、出台四个允许、兴商建县（市）等战略，起到了解放农村劳动力、增加民众收入、增加国家税收等多方面作用，繁荣了地方小商品经营。从政府与市场关系来看，自发形成的小商品市场在"看不见的手"的机制和"有为政府"的调控机制下，充分释放了市场的活力，小商品市场的规模化经营带来区域商业、家庭制造业的联动发展，并驱动地方经济的持续增长。从义乌小商品市场前三代发展过程来看，义乌民间的"鸡毛换糖"、经商文化是市场形成的重要基础；而义乌政府官员的思想解放、积极支持，为市场的发展排忧解难，是市场发展的重要原因。单纯依靠商户无法实现市场秩序的良性运行，也无法实现市场资源的协调与运作。因此，政府作为市场发育、发展的引领者、规制者均显得不可或缺。

义乌政府的一系列政策推动了小商品专业市场的跨越式发展。如表 2-4 所示，商位数由 1982 年的 705 个，增加到 1991 年的 13910 个；市场营业面积从 0.43 万平方米增加到 1991 年的 5.6 万平方米；市场成交规模从 1982 年的 0.0392 亿元，增加到 1991 年的 10.33 亿元。市场的跨越式发展繁荣了地方经济，同时也达到了培植税源、扩大税源的效果，促进了政府财政收入的增长。表 2-4 中义乌小商品市场税收增长幅度表明了这一点，政府税收从 1982 年的 15.4 万元增加到 1991 年的 3000 万元。1992 年 3 月，在国家工商行政管理局首次公布的全国十大市场名单中，义乌小商品市场 1991 年成交额、上缴税收、日上市品种、摊位总量等指标均位居全国专业市场之首，成为全国最大的小商品专业批发市场和全国小商品主要集散中心。改革开放后，义乌专业市场的起步和温州、台州、武汉等全国其他地区专业市场差不多，但在义乌县委、县政府领导审时度势、开拓创新的带动下，义乌小商品市场发展势头远超全国其他地区，成为全国名副其实的专业市场龙头。

表2-4　1982—1991 年义乌小商品市场的商位数、营业面积、成交额与税收情况[①]

年份	商位数（个）	营业面积（万平方米）	成交规模（亿元）	成交规模增长率（%）	税收（万元）	税收增长率（%）
1982	705	0.43	0.0392		15.4	
1983	1050	0.43	0.1444	268.36	32	107.79
1984	1870	0.43	0.2321	60.73	60	87.5
1985	2847	1.36	0.6190	166.69	135	125
1986	5483	4.3	1.0029	62.2	283	109.63
1987	5600	4.3	2	99.42	580	104.95
1988	6137	5.2	2.65	32.5	986	70
1989	7997	5.6	3.90	47.17	1487	50.81
1990	8503	5.6	6.06	55.38	2148	44.45
1991	13910	5.6	10.33	70.46	3000	39.66

（二）带动地方产业发展，优化产业结构

小商品市场的繁荣，带动了地方产业发展。一方面，发挥专业市场作为流通渠道的优势，解决了义乌国营企业、集体企业的产品销路问题，开放市场后两年内就为 500 多家国营、集体企业推销积压产品 4 亿多元。与此同时，兴旺的小商品市场有力地推动了义乌乡镇企业的发展。围绕小商品市场，出现了"塑料村""服装村""袜子村""玩具村"等一批专业村，义乌形成"一乡一品""一村一品"的生产基地 130 多个，"前摊后厂"式经营户 2700 多个。1991年义乌市乡镇企业总产值 14.8 亿元，比 1980 年的 0.25 亿元增长了将近 60 倍，占全市工业总产值的 74.7%。[②]

---

① 　根据《义乌市志》（第二册）相关数据整理。
② 　《义乌小商品市场研究》，第 9 页。

义乌的商品经济繁荣，使农业生产出现了由传统农业向现代农业转变的趋势。一方面，由于农村劳动力大量地从第一产业向第二、三产业转移，土地逐渐转移到种田能人的手中，他们在经商农民的影响下，增加投入，运用科学技术，大力发展种植业、养殖业。另一方面，一些经商多年的农民以新的姿态重返土地，动用经商办厂所积累的资本投资农业，实行集约化现代经营，提高了农业的产出效率。

义乌小商品市场发展优化了义乌地方产业结构。小商品市场正式开放后，大批农业劳动力向第三产业转移，围绕小商品市场从事第三产业的人员达到 12 万人以上。义乌传统第一产业比例逐渐降低，第二产业和第三产业比重不断提高。

表 2-5　1950—1991 年义乌产业结构变动表 [①]

年份	第一产业	第二产业	第三产业
1950	80.9%	9.3%	9.8%
1978	57.4%	21.1%	21.5%
1979	60.8%	19.1%	20.1%
1980	57.9%	22.0%	20.1%
1981	54.4%	26.0%	19.6%
1982	53.6%	25.9%	20.5%
1983	49.3%	27.5%	23.2%
1984	41.1%	34.7%	24.2%
1985	39.6%	31.9%	28.5%
1986	37.6%	32.0%	30.4%
1987	31.3%	35.5%	33.2%
1988	26.6%	34.2%	39.2%
1989	22.2%	31.5%	46.3%
1990	21.7%	28.3%	50.0%
1991	19.3%	28.9%	51.8%

① 根据义乌历年统计年鉴相关数据计算而得。

（三）推动要素市场发展，积累了资本

义乌小商品市场发展推动了要素市场发展，盘活了各类土地资源，推动了土地资本化，通过非农建设用地的有偿使用，积累了市场和城镇基础设施建设资金。另外，市场发展促进了生活服务业、联托运、劳动力、资金等要素市场发展，形成了相互促进的发展格局。

义乌农村个体工商户和一部分乡村集体企业，以小商品市场为依托，经过多年经营，积累了一大笔资金。这一部分资金除了少数用于生活消费外，多数用于扩大再经营，可以说积累了大量经济资本。另外，随着乡镇企业和城乡第三产业的发展，本地十几万农村剩余劳动力找到了新的出路，他们由原来的农民转身成为新一代的农民企业家。这部分人积累了经营管理的能力，形成了具有现代意识的价值观、时空观和竞争意识，形成了适应市场的独特人力资本，是义乌发展工商业的中坚力量和社会基础。随着小商品市场和其他市场的发展，义乌工商群体开始形成专业化分工，积累了一定的社会资本。随着商品、人才、资金的大流动，义乌小商品逐渐辐射全国，走向世界。与此同时，义乌与国内其他地区的横向联系日益密切，走南闯北的义乌商人逐渐形成庞大的关系网络，对外交流日益紧密，逐步确立了义乌小商品商贸中心的地位。

（四）加快了城市建设，推动了城镇化发展

经过三次搬迁、多次扩建，义乌小商品市场的规模不断扩大，现代化设施日益完善，同时也带动了能源水利、交通运输、邮电通信等城市基础设施的更新。另外，小商品市场为活跃城乡之间和地区之间的物资交流，推进商品经济的发展创造了条件。市场的发展带动了农村劳动力大批转移，越来越多的农村人口在城镇就业，实现了居住地和职业的双重迁移，客观上增加了城市人口规模，加速了义乌城镇化进程。义乌市建成区面积由 1980 年的 2.5 平方公里扩大到 1991 年的 6.44 平方公里。1981 年，稠城常住人口 3.3 万人，区域城镇化水

平 8%。1984 年开始引导农民经商办厂，吸引了 400 多户农村专业户进城经商办厂，极大地促进了城市建设。1991 年稠城镇人口规模达 12 万，区域城镇化水平提升到 34%。[①]20 世纪 90 年代初，义乌初步成为以小商品贸易为特色的综合性贸工城市。

① 《义乌小商品市场研究》，第 200 页。

第二节

白沟政府对市场发展的主动回应

一、各类专业市场的形成与发展

（一）传统集市：作为专业市场的雏形

白沟集市最开始是传统的农贸型市场。正如布罗代尔所描述的集市扩张过程，集市已不能局限在原定地点，而是逐渐向附近街巷蔓延，使街巷也变成专门的市场，白沟集市不断扩大、裂变，形成产品的专业化。随着集市规模扩大，古街附近的石桥坑逐渐成为最初人造革制品的交易市场，摊位逾 400 个，并向四周延伸，形成"箱包一条街"。每逢集日，街道两旁货架上就挂满了五颜六色、各种款式的人造革包和少量的真皮包。1983 年，白沟集市已经形成了初具规模的人造革制品专业市场，也即后来人们所说的箱包市场。

当时俺们家村里差不多家家户户都做包，能往远处跑（销售）的就做的多，家里人少的就靠到白沟集上摆摊卖，反正那时候做包的没有一个赔钱的。最早白沟集跟别处一样，就是卖杂货，后来慢慢地卖包的就多了，想买包的人也都愿意到白沟集上来，因为这儿的包款式样多，价钱也便宜。再后来，白沟集市的那条古镇街就全成了卖包的，也开始有外地人专门到白沟成批买包，然后回去销售。就这样，白沟的名气越来越大，整个华北、东北差不多都知道买包要到白沟，白沟成了"包市场"（后来发展成"箱包"，人造革加工也发展升级为皮革加工）的代名词。[1]

---

[1]　转引自李淼：《乡村利益共同体与基层政权的正和博弈》，南开大学 2004 年博士论文。

随着皮革制造和销售的繁荣，与皮革制品生产相配套的人造革原料市场、五金饰件和辅料市场也兴起。随之而来，小商品、针织、服装、鞋帽等商品也如雨后春笋，展现出蓬勃发展势头。

（二）白芙蓉市场：小商品专业市场的诞生

早在 1983 年，白沟所隶属的新城县在县城修建了新兴市场，成为华北地区第一个由政府修建的商品流通专业市场，具有一定影响力。当时的新城县长 BKJ 是白沟人，极力建议白沟建设专业市场，实现扩大经营规模、繁荣地方经济的目的。白沟小商品市场最早兴起于白沟之北的桥头，随着经营摊位裂变式增长和购物人群潮水般涌至，市场搬迁成为当务之急。在县委和县政府支持下，白沟镇政府于 1984 年填平镇区一处污水沟，实行"谁投资谁所有，谁拥有谁受益"的政策，国营、集体和个人共同投资 120 万元，建成西接古镇街、东与高雄公路相连的以小商品批发为主的新型专业市场 —— 白芙蓉市场。1985 年 11 月，白芙蓉市场正式开业。

白芙蓉市场长 600 米，宽 14 米，建筑面积 15 万多平方米，占地面积比传统集市的古镇街大了足足 3 倍。市场以"五小"（小百货、小文具、小五金、小玩具、小童装）商品驰名。白芙蓉市场为街道式棚顶形半封闭建筑，街道两侧是 2—3 层楼房，一楼为门市，二、三楼为居室或库房、车间，街中心为钢管架、玻璃钢瓦大棚和售货台架。这里的门店摊位批零兼营。白芙蓉市场的投入使用和声名远播给市场带来了更多的顾客和更大的成交量，而顾客和成交量的增加反过来为白沟市场带来了巨大的广告效应和更大的商品需求。小商品市场与箱包市场是相互依存的关系，从市场演化的时间来看，白沟是先有了颇具规模的箱包市场，然后才有的小商品市场。两个市场起初共存于一个市场，后来，随着白芙蓉小商品市场的建立，小商品与箱包市场分离，这次分工有利于两类商品的营销。之后，更多专业化市场陆续分化出来，形成白沟专业市场群落。

（三）多个专业市场形成

随着皮革制造业和皮革制品专业市场的发展，皮革原材料市场逐渐从皮革制品专业市场分离出来，在政府引导下，于 1987 年形成了皮革专业市场。1988 年，针织品市场从小商品市场中正式分离出来，最初主要经营服装鞋帽，后来逐步扩大到各种各样的针织商品，如床上用品等，于 1989 年形成正式的针织专业市场。1991 年又分化形成玩具市场。到 1991 年底，白沟形成了 5 大专业性市场和 20 多个品类的集市，这些集市向着形成较大批发规模的专业性市场发展，以市场群落为特色的白沟市场模式形成。这一阶段，白沟通过箱包产业带动白芙蓉市场和皮革原料市场发展，从中分化出多类专业市场，进而聚合形成集中的市场群落，带动了人流、物流的汇集，加速了白沟城镇化的发展进程。通过表 2-7 可以看出，白沟市场上专业市场和行市数目不断增加，随之而来的是摊位数、上市品种、成交额逐年递增，市场初步繁荣。

表 2-6　1983—1992 白沟几大专业市场基本情况 [①]

市场名称	市场地址	开业时间	占地面积（平方米）	上市主要品种
白沟革制品专业市场	白沟镇	1983 年	25000	箱包
白芙蓉小商品市场	白沟镇	1985 年	49000	小商品
皮革专业市场	兴隆街东口	1987 年	26000	皮革、人造革
针织专业市场	白四街和仁和庄	1989 年	23000	针织品
玩具市场	白沟镇	1991 年	20000	玩具

---

① 数据来源：《中国农村市场模式研究》，第 263 页。

表 2-7　白沟 1956—1992 年专业市场发展统计数据 [1]

年度	专业市场（个）	行市（个）	日流动人数（万）	上市摊位（个）	上市物资品种（个）	上市物资总值（万元）	每日集市成交额（万元）
1956	1	17	3	680	270	34	9
1978	1	–	1.5	170	300	40	3.9
1982	1	–	6	1300	550	65	7.5
1984	1	–	6.5	1500	700	90	10
1985	2	11	7.5	3500	700	90	10
1986	3	15	8.5	3750	1000	125	12.5
1987	3	19	8.5	4000	1000	125	12.5
1988	3	20	8.5	4000	1000	125	12.5
1989	4	20	9.5	4500	1400	475	25
1990	4	20	11	8000	2800	1200	50
1991	5	20	12.5	13000	3800	1500	100

（四）皮革加工业的发展壮大

皮革加工业在白沟的起源是生产队的集体企业，但之后被家庭手工业所取代。白沟农村集体经济的薄弱和缺乏集体主义的工业传统是个体经济得以蓬勃发展的一个重要条件。白沟的皮革加工业能够迅速扩散并形成规模，可以从产业特点、市场需求特征、白沟文化传统来解释。

首先，由于缺乏资金和技术，农村个体加工户只能从事资金需求和技术进入门槛较低的行业，皮革加工业满足这一要求，且产品生产工序简单，很容易模仿和复制。同时，白沟虽然不是皮革原材料产地，但在过去产业发展过程中在本地和临近镇形成了原材料市场，使得原材料获得非常便利。其次，短缺经济下的 80 年代，消费品需求旺盛，市场需求远远超过了市场供给，乡村生产者

---

[1]　数据来源：《中国农村市场模式研究》，第 263 页；白沟相关政府文件。

能够获得高昂的边际利润率，刺激了乡镇企业的发展。白沟的皮革制品在生产迅速扩张后并不缺乏销路。最后，白沟一直以来就有强大的经商传统，在政策压制期也未曾中断。随着政策空间的打开，白沟经商的传统迅速复兴，人们纷纷投入到箱包加工业和商品销售的大潮中，加速了产业的发展。

随着 1981 年家庭联产承包责任制在全国的推广与农村人民公社制度逐步瓦解，传统的社队企业也开始纷纷解体。这种家庭联产承包责任制，实质上把人民公社的集体经营变成了农民的家庭经营，把集体生产单位还原为家庭生产单位，是农村生产方式的一次重大变革。到 1984 年，随着全国各地人民公社的解散，社队企业转变为乡镇企业。1984 年，中共中央、国务院转发农牧渔业部《关于开创社队企业新局面的报告》，正式提出将社队企业改名为乡镇企业，明确原来的乡镇企业由"两个轮子"（社办、队办）改为"四轮驱动"（乡办、村办、联户办、个体办），实行"多轮驱动，多轨运行"，并让乡镇企业摆脱了"三就地"（就地取材、就地生产和就地销售）的限制，乡镇企业扩大了市场范围。[1] 乡镇企业在社会习惯意义上是指，在农村地区由农民创办的，以农民为投资主体或者就业以农民为主的非农企业，包括第二、第三产业（不包括金融服务业）。[2] 乡镇企业的发展模式主要有三种：以集体乡镇企业为主的苏南模式，以家庭副业和家庭作坊为主体的温州模式，以来料加工为主的珠江模式。

白沟乡镇企业发展模式与温州模式比较像，绝大多数是以家庭作坊为主的个体企业。白沟没有浓厚的集体主义传统，集体经济的力量弱小，地方政府只能依靠农民发展个体经济来提高社区福利。随着 1981 年新城县全面推行联产承包责任制，白沟各生产队逐渐瓦解。到 1982 年，皮革制品生产正式进入家庭并且迅速发展，生产队的集体摊子一一解散，一大批加工户发展起来，绝大多数家庭都从事以箱包为主的皮革加工业。根据《白沟志略》记载：

---

① 农业部乡镇企业局编：《改革开放 30 年中国乡镇企业辉煌之路》，中国农业出版社，2018 年。

② 陈锡文、赵阳等：《中国农村制度变迁 60 年》，人民出版社，2009 年。

当时的高桥村、魏庄、许场、丰盛庄等村90%以上的农户从事箱包生产。丰盛庄全村381户，1674人，其中从事箱包生产的就有345户，1000多人；南留庄村，全村169户，801人，其中从事箱包业有关生产的有140户，600多人。1982年，白沟附近生产人造革制品的专业户已达5000多户，年产各式箱包和其他人造革制品480万件，出现了手提包、"眼镜包"、"枕头包"、"马筒包"、公文夹、"大哥大包"等。（所谓"眼镜包"、"马筒包"、"枕头包"，并非装眼镜、马筒、枕头之用，依其形状而命之者也）[①]

白沟皮革加工业产品早期以自行车套为主，后来箱包逐渐成为产品核心。到1986年，白沟的座套加工渐向式微，原有的座套加工户纷纷转向箱包生产，箱包生产逐渐成为白沟经济支撑的一大产业。

（五）市场、产业的专业化分工

在近代商品化的农村，市场体系与商人组织在乡村工业生产体系中发挥着极为重要的生产组织作用。改革开放后，随着国家对商品流通环节的放开，供销社不再是白沟皮革加工业最主要的出货渠道，遍布各地的行商和依托传统集市形成的专业市场成为主要的销售渠道，并逐渐形成了与浙江模式类似的"专业市场—家庭工业"发展模式，通过商人组织产品的原材料的供应、产品生产和成品销售。家庭工业和手工作坊生产的产品主要依靠自销和商人贩卖两种形式出售。后一种销售形式的进一步发展是商人包买制，商人在乡村工业中起到了生产组织作用。这三种方式在白沟手工业品的销售中都存在，且以专业市场为物质载体。

在白沟家庭工业发展的早期阶段，家户经营者主要采用的是自己采购、自己生产和自己销售的一体化经营模式。随着产业发展，基于效率机制，自然而

---

① 平白主编：《白沟志略》，中国经济出版社，2008年，第396页。

然形成了生产和专业市场的有效分工。

　　刚开始是我自己做，我自己然后拿着外边去卖去，做不了的就看着。后来怎么着呢？我自己能卖，但没能力做，好，那你能做，你就帮我做，我去卖，多少钱说好了。后来怎么着啊？有的人就到集市上来，看有没有人要，一个人来了，两个人来了，三个人来了，慢慢人多了，都知道这样做比较方便了，慢慢形成分工，之后就发展大了。当时我们本地人就在本地卖，然后你拿着包就到外边卖去，外边人不来。后来才老上外边卖去，卖着卖着，人家就当地看你卖赚钱，就问你是哪里的，他那有市场，他就来我们这上货拿回去卖去。本地人慢慢就不出去了，外地人就过来，市场慢慢就发展起来了。(SBJ, 20170221)

　　早期市场上的人革制包经营者数量不多，家户经营者实际收入很高。后来随着市场竞争加剧，经营者只有在提高生产率、降低成本上找出路，于是出现了进一步专业化分工。

　　那个时候，做包的人少，好赚钱，加工一个五六元钱的人革包能赚二三元。后来做包的越来越多，连外地的也加入进来，现在同样一个包只有几毛利润了。(DSF, 20170305)

　　面对激烈价格竞争，产业进一步分工，生产者不再到各地去采购原料，而只负责生产，由采购与销售商承担供和销。同时，生产内部也出现了专业分工，一家一户只完成生产过程的某一环节，缝纫、印花或制作配件等随着专业分工而发展，也就出现了原料、配料等专业市场和专业商人。

　　从 1982 年开始，白沟逐渐形成了以古镇街集市为聚集空间，包括小商品、皮革制品、皮革原辅料等产品的马路市场，并且不断分化出多种专业类型的市场。1985 年，当地政府组织建设了白芙蓉小商品市场，后来又逐步建设了针织市场和原辅料市场，使白沟专业市场成为家庭工业品的主要销售渠道。

（六）通过挂户经营规避风险

具有经商传统的白沟农民，通过商业活动和经营性劳务等渠道，不仅提升了劳动技能，增长了见识，掌握了技术，也迅速地完成了家庭工业初始资金的积累。白沟的个体私营企业最初发端于分散的家庭加工作坊，这一演进过程与英国早期的工业化和温州地区的发展经历非常类似，但与珠三角依靠外资、苏南地区依靠集体乡镇企业的发展路径截然不同。英国的工业化发端于家庭作坊式企业，最初的生产组织形式多数属于所谓"分散手工工场"，工人或小业主在自己家里，按照中间商的订单生产。随着规模扩大，分散手工工场逐渐发育成为集中的手工工场，而后进一步发展成为近代的"工厂制度"。[1]

在改革开放初期，非公有制经济并没有得到法律认可，家庭成员之间合作性契约安排（家庭企业）这类非公有制经济形式的合法性地位尚未确立，微观经济主体的合作性契约安排必须嫁接在公有制经济上以获得改革的进入"许可证"。白沟很多个体经营户纷纷通过"挂户经营"的方式为自身的经营行为提供合法性。挂户经营的实质就是微观经济主体寻求"政治庇护"的组织方式的变通，以规避意识形态刚性带来的"政治风险"。

后来越发展越大，人们就开始不在摊上卖了，怎么办呢？去推销给商场、国营企业百货公司，人家不敢要啊。不要怎么着？我们是集体的，我们这有介绍信，有工作证，还有合同。白沟政府有个社队企业局，成立一个白沟革塑料制品厂。这个制品厂就两个人，刻了一个公章，集体企业了。比如我去开介绍信，经此介绍，某某去某地，去西安或者郑州，盖上公章，办个工作证，证明你是塑料制品

---

① 史晋川、金祥荣、赵伟等：《制度变迁与经济发展：温州模式研究》，浙江大学出版社，2002年。

厂的人，我们是大集体企业，然后，后来印点合成纸，印点协议书，后边盖个章。这个钱怎么弄的啊，当时钱是集体和集体打交道，不允许现金交易，结果白沟塑料制品厂就搬到信用社边上去了，信用社腾出一间屋子，这个钱就归到信用社。信汇，汇出去，到收到需要一个月，然后再把钱转给个人。（SFM，20170222）

通过早期的挂户经营，白沟家庭个体经济解决了经营合法性问题，私营经济得到了迅速发展。

（七）公共空间的私人占有

在市场扩张和经济发展过程中，大量民间农户自我开发、组织"市场"。自住房门前街的公共空间成为白沟镇区居民开发市场的重要物理空间，各家各户纷纷沿街搭货架子，形成所谓的"摊位"。摊位有用于自营的，也有对外出租的。摊位和商户的增多，逐渐形成马路市场，成为各街道普遍存在的现象。但这一时期进入商业的主体是资金较少甚至是没有资金的农民。这种以农民经济起家所形成的马路市场反映了白沟多数经商者经营早期资金少、实力弱、经营区域分散等特征。这种特点难以避免流动性、非正规性的工商业经营现象。在生产环节，各家各户纷纷利用房前屋后搭建简易厂房，相当于把"闲置土地"资本化发展家庭工业。这种家庭工厂成为当时白沟生产的主导形式，生产经营活动高度嵌入于他们的社会生活当中，生产经营的空间就是他们用于居住的院子和房子，他们日常生活中很重要的一块内容就是在这样一个空间当中不停地劳动。在农村日常家庭经营过程中，住宅与劳动力是两项重要的生产要素，对于有些家庭而言，是否拥有可用于生产的空闲住房和劳动力，甚至是影响他们能否进入生产经营活动的决定性要素。[1] 农民这种占用公共空间的行为并未遭到政府的制止，而是得到了政府实质上的非正式认可，几乎免费的土地成本是白

---

[1]　刘玉照：《乡村工业化中的组织变迁》，格致出版社、上海人民出版社，2009 年。

沟市场商业兴起的重要因素。

二、市场发展与政府扶植

（一）市场自然形成与政府早期管理失序

实行家庭联产承包责任制以后，随着国家对市场政策的逐渐放开，白沟以古镇街的传统集市为核心，形成了以小商品和皮革制品销售为核心的农村集贸式工业品批发市场，市场日益兴旺。在20世纪80年代初期，对待正在形成的市场，政府主要关注点在维护社会秩序，地方政府缺乏对市场统一的管理思路，管理费和税费等的收取也没有明确的标准。作为市场管理的具体执行机构，工商管理部门以规范管理的名义办理营业执照，收取摊位费和管理费。到1984年前后，面对日益兴旺的市场，地方很多职能部门纷纷介入市场管理，并开始乱收费。

那个时候，对市场的管理没有统一标准，各类"大盖帽"涌进来，对各类摊主征收七费八税，动辄罚款，甚至超高标准地索取卡拿，白沟市场一度出现过9个部门收费的现象，各个部门之间经常是比谁收费收得狠，你说这样老百姓哪受得了啊？那段时间，政府名声不好，摆摊客商纷纷叫苦不迭，抱怨政府乱收费。这种状况下，有一些人也就不干了，离开了白沟；一些人则弃商归田，重新回归土地。白沟的市场又一次满目萧条了。严峻的现实让白沟的领导们意识到需要尊重市场规律，需要尊重劳动人民和经营者的劳动成果，强征乱罚一定会扼杀市场。认识到这一点，白沟党委、政府及工商、税务和银行等部门公开告示，提出了重扶持、重发展、轻赋税的原则，提出凭照经营、按摊收费。之后，经营者们胆怯地回到市场，市场人气才慢慢恢复。（LYM，20170301）

随着国家政策的开放，加上中央和地方财政"分灶吃饭"体制的实施，白沟及上级县政府意识到白沟自然形成的市场对于搞活地方经济的重要价值，逐步开始对市场进行扶持，希望能够从市场发展中分一杯羹，政府积极介入市场的态度非常明显。

（二）政府引导交易场所的构建

从我国多个地区专业市场发展历史来看，大部分集市不管起初是自发形成还是政府主导形成，最后多是由政府划定或设立一个固定的场所开展交易活动。事实上，政府利用行政权力把分散的交易集中以至固定交易场所对地方政府而言是有利的，如便于政府管理费和税费的征集，便于对市场交易秩序的控制，等等。法国著名经济史学家布罗代尔在论述工业革命前夕西方专业集市的兴起时认为，政府有意识地建设交易场所对这些集市的兴起发挥了巨大的促进作用。[①] 但政府起初的动机往往不是那么简单，最初的出发点可能是对交易过程的控制和便于征收管理费、税费。过度分散化的交易容易失控，削弱政府控制力，因此，在专业批发市场成长的早期，地方政府往往设立或规定若干固定的经营场所供商户们集中交易，同时对分散的交易予以打击。

在白沟市场的发展历史中，政府推动市场发展的动力非常显著。在改革开放前后，白沟形成初具规模的马路市场。当地政府起初使用追、堵等手段抑制商品在体制外的流通，但收效甚微。后来，随着政策环境的变化，地方政府因势利导，对地方专业市场的政策取向经历了从禁止到默许再到鼓励的过程。从20 世纪 80 年代中期开始，多数地方专业市场都是由政府及有关职能部门出面或牵头兴办。等到大政策环境日趋明朗，白沟地方政府在各地办市场而得利效应的鼓励下，也开始想办法积极扶持市场发展，希望以此增加地方财政收入。白沟市场因有前期的发展，成长规模甚为可观。在当地人看来：

---

① 《十五至十八世纪的物质文明、经济和资本主义》，2018 年。

当时的白沟市场是沿着老街的两旁发展起来，后来因为市场规模的逐渐扩大，几乎整个狭小的街道都挤满了摊贩。商家大都以卖杂货和皮革制品为主，依然档次很低，但因为购买的人潮不断增加，这时已有 500 家以上的摊位。（LYM，20170301）

在这个阶段，整个白沟的市场活动大概可以用混乱来形容，虽然造就了地方的繁荣，但混乱的秩序、肮脏的环境也让地方政府不能再坐视。地方政府开始介入整顿市场活动，主要表现为维持治安和环境卫生方面。镇政府并不具备财力"建造"市场，只是以"白芙蓉市场"的名义进行规划，建成后将地块分割成一块块面积相同的店铺对外出售。这是镇政府第一次成规模出售地皮，每个商铺 5000 元左右。初期个体户并不看好这个没有任何配套设施的市场，也没有人愿意购买。镇政府只好先动员老街上的商户搬迁过来。在政府支持下，店铺陆续卖出去。业主买下店铺后，按照统一标准建成二层楼房。这一带处于镇区附近，交通较为便利，市场渐渐兴旺。在沿街商铺建好后，工商局在街道中间搭货架子，出租摊位，而商铺的商民也在自家门前搭货架子，自用或者出租给其他商户。

白芙蓉盖起来后，越做越繁华。领导一看，这是个好办法啊，中国经济兴得太快了，那个人来人往，人山人海，那个停车场都挤不下，包括北京、天津这些大城市的个体户甚至国营企业都来拿货。那时候来白沟批发的每天不下 10 万人。（SFM，20170222）

市场的繁荣逐渐强化了镇政府继续建设专业市场的信心。在 1988 年和 1989 年，镇政府陆续组织建设了针织品市场和皮革市场。

商业主义的存在都有一些前提条件，决定性的条件是流通，而且几乎可以说，流通的区域越大，成果就越多。随着白沟自发形成的市场规模的扩大，地方政府意识到扩大商贸流通市场对于发展地方经济不仅可以获得税收，还可以带动地方手工业发展。因此，地方政府利用县级政府规划建设白芙蓉市场的契机，第一次成规模出售土地，实现土地资产的资本化。搭建顶棚、兴建基础设施之外，地方政府还充分利用街道中间的空间安装铁货架作为摊位出租。市场的繁荣，也带动了周边区域住房和摊位的价格。这是政府第一次通过建设商业项目来带动市场周边土地和住房估值的提升。当时的业主 LYM 回忆说：

> 白芙蓉市场时集资条件相当优惠。我在街上弄了个餐馆和旅馆，这座二层小楼有 7 个客房当旅馆，楼下当饭店，总共才花了一万六。后来 1989 年政府统一规划集资兴建针织市场，我又盘了个档口做杂货。那时候，人们手里都有钱了，交一万多块钱，楼房建成归个人，挺合算。（LYM，20170301）

现在走在白沟镇老城区大街上，依然可以看到沿街两侧林立的二层小楼。这些小楼大都是在那个时期修建的，基本都是楼上为家、楼下为店，或者家、馆、店合在一起。这一座座群众个人的楼房连在一起，构成了白沟 20 世纪 80 年代末 90 年代初市场的主体工程。白沟群众建设市场的积极性如此之高，主要有两个原因：一是群众亲眼看到市场的发展需要搞建设，二是政府优惠政策的引导。这两者缺一不可。如果市场建成后不能挣更多的钱，政策再优惠，群众也不会把钱投到这上面。反之，虽然人们明知道市场建成后有钱可挣，但资金要求过高，超出群众的承受能力，也不会有这么多人积极参与。

（三）政府为市场发展实施"放水养鱼"政策

改革开放后，中央政府通过对诸领域赋予一定程度的自主权，来释放基层社会的活力。[①] 改革从地方政府的放权让利开始，地方政府纷纷探索符合地方

---

① 渠敬东、周飞舟、应星：《从总体支配到技术治理——基于中国 30 年改革经验的社会学分析》，《中国社会科学》2009 年第 6 期。

特色的发展道路。白沟和上级政府主要通过"放水养鱼"的策略培育市场，带动地方专业市场和产业发展。在发展市场和产业的过程中，地方政府运用一些变通策略实现专业市场与产业发展的目标。在中国"渐进式"改革的地方实践中，很多都是以"变通"的方式进行的。[1] 在20世纪80年代以来的经济改革过程中，地方政府获得很大的积极性和主动性。白沟及上级政府的"放水养鱼"政策主要采用的是先放后管、先予后取和先内后外三种管理方式。

"先放后管"，市场起步之初，有关部门不因一叶障目而不见泰山，更不因噎废食，而是以"放"这种特殊但行之有效的管理方式对市场进行培育和引导，寓管于放。待市场"根深蒂固"之后，再不失时机地强化管理力度。

"先予后取"，白沟市场破土萌芽之际，各级政府本着"先予后取、取之有度"的原则，采取了诸多扶植措施。如为商户提供无息贷款、减免税费、投资改善经营设施等。市场形成规模后，又本着"取之于市场、用之于市场"的原则，分期进行市场建设，适应市场的发展速度和商户的心理承受能力。

"先内后外"，各级政府在白沟市场建设工作上，首先抓市场内部运行机制的优化。一是扩大市场面积，增加经营摊位；二是促使辅助行业应运而生；三是提高交易频率，将白沟由"五日一集"过渡为"全日制"市场。其次，累计投资800多万元，提高市场外部经营设施标准……对市场进行大规模、总体化改建。[2]

针对国家的税收政策，地方政府通过灵活变通方式保持产品和市场的竞争力。具体体现在定额定期征税的相关条款，定额定期征税为实现放水养鱼、实现白沟皮革和小商品市场的低成本运营进而实现竞争力提升奠定了政策基础。同时，坚持持照经营，取缔无证经营，保护合法经营者的权益，开创了企业经

---

[1]　孙立平：《实践社会学与市场转型过程分析》，《中国社会科学》2002年第5期。
[2]　中共河北省委宣传部新闻出版处编：《迷人的白沟市场》，河北人民出版社，1992年，第161页。

营户满意、乡村干部满意、财税工商满意、白沟专业市场兴旺的全新局面。不仅如此，白沟市场的经营者还被允许可以适当扩大经营范围。工商部门不以品种论费，而以摊位定费，只收取经营额的 1%—2%。对在白沟经商的外地商户，前三个月予以照顾，收费比本地客户低 30%。

与工商部门一样，白沟的税务部门也实施放水养鱼政策。税务部门制定了"定额包租"的特殊政策，在征收时不硬堵，而是下到村，下到摊点；对生产者、经营者确定基数，定额征收；对众多密集的摊点，以经营额分组，让经营者相互评定月交税额度。这样不仅契合实际，让经营者服气，而且减少了偷漏税收现象。

白沟的税收这一块呢，它因为是个自然形成的市场，发展的速度比较快，目前税收征收管理这一方面呢，有时候跟发展速度相比还有差距，但是从税收这一块来说，并不是说像有些人说的税赋特别轻，或者没人管，不是这么个情况。通过这几年的数字可以看出：从 1979 年的 30 多万到 1991 年的 261 万，增长幅度还不低……在我们的管理方法上呢，因为都是个体户，你说建章建制，这一块也没办法搞，因为涉及到的户数太多，销售额也没办法掌握。另外在税赋这块，按国家政策说呢，个体搞批发，是不能成立的，工商部门营业执照发的是零售营业执照，可实质上这些客户就是搞批发。他批发的差价额在 1%—3%。假如说咱们要是按零售环节征税，按销售额的 3%，他的最高差价额才 3%。另外，他还要拿工商管理费、治安费、卫生费，以及摊位费，负担并不轻。如果按国家政策衡量，就一定会挤垮。所以，只能靠定额管理，定额管理费参照着既不是批发，不承认批发，但是实质上承认批发，按批发环节说。国家的批发部门是按购销差价 10%征税，你要按 10%征，然后对这些行业进行打分，分成几个等级，比如说小百货分成五个等级，最高的多少，最低的多少。通过评议还是比较公道的。税收任务连年递增，所以定额定年的都要调整。

在人革制品这一块呢，我们基本上掌握的是抓两头放中间。抓两头主要是抓原料销售这一块，基本上是核实征收，再一个是到外地销售书包的书包商，他必须用税务部门的发票，在用发票的同时核实征收。放中间的意思不是说中间这一块管理松，管理上是加强，税赋上目前是稍微有点松。因为这可以从两个角度看，第一个角度是千家万户人生产，他们生产书包一不计算工资，二不计算折旧，第三也不提取各种基金，所以他们的计算方法是销售额减成本就认为是实现的利润。另外就是加工户，我们靠户管税组织每年查补，每个村都有户管税组织，每台缝纫机每年都收一次，到集市上销售还要收一次。但是总的讲，是达不到国家的税赋标准。可是他真要按咱们工业企业那一套计算，既搞折旧，又搞企业管理费、车间经费，这些计算在内，也不会是现在这种情况。[①]

受自身利益驱使，地方政府想方设法吸引外地商人和商品进入本地集贸式工业品批发市场，扩大本地市场的交易规模和辐射范围。为此，地方政府普遍在市场内部对本地商品和外地商品、本地商人和外地商人实行非歧视性政策。专业批发市场对白沟地区的经济市场化的贡献，不仅直接表现在自身交易规模的增长，更重要的在于带动了一大批自主经营、自负盈亏的市场主体——乡镇企业和家庭企业的成长，为体制外因素的生成提供了广阔的市场空间。

20世纪80年代以来的包产到户农地制度改革，实际上，在保持集体所有权前提下，由农户替代生产队成为农业生产和收入分配的基本单位，形成"上缴国家的，留够集体的，剩余都是自己的"合约结构，让农民获得剩余索取权，带来了农业经济社会结构的根本变化。承包制是在不改变所有权性质的情况下，将使用权和收益权让渡给经营者个人的一种所有权与使用权分离的产权结构。这种产权结构既维持了产权的公有性质，又能够有效地调动生产经营者的积极性，是一种典型的渐进式的改革策略。20世纪80年代的民间企业，资产的产权实际所有者为个人或家庭，这些企业虽然不能完全避免政府管制行为的干预，

---

① 转引自《迷人的白沟市场》，第110—112页。

但是能够行使资产的最终处置权。按照产权经济学的标准，一个企业产权是否完整，取决于其拥有剩余索取权的大小。[1]白沟的"企业主"可以用资产、收益去与其他资源的所有者进行交换，无论是财产的最终处置权还是剩余索取权都是比较完整的。

三、市场治理效果

（一）资本原始积累

白沟大部分个体企业在起步阶段主要使用自有资金，通过"滚雪球"式地扩大，完成企业的资本原始积累，从而实现了货币资金到企业资本的转变。通过企业的逐渐扩大再生产，白沟积累了源自个体经济的民间资本。整体而言，白沟资本积累的方法主要有以下四种。

一是压缩原材料成本。箱包大部分是家庭手工业生产加工的，手工裁剪加工可以充分利用大机器生产所无法利用的边角下料，使同等数量的原材料能够生产出更多的产品。同时，大机器不便利用的等外品、残次品材料，手工业生产也可以利用，这就在一定程度上降低了原材料成本。此外，当时白沟就有专门经销边角废料、残品、等外品材料的摊贩，比买成品料便宜三分之一以上。

二是在机器、厂房等方面压缩成本。

你问我们价格为什么低？就说我们这套生产设备吧，正儿八经国营厂出的，要 50 万—100 万元，可是我们自己加工制作，也就是几万元就成了。好比做箱包，你用边角料和在大张人造革上裁，质量是一样的，但成本却不一样。……厂房、设备都是自己的，成本只是一个原料、税金钱，要不我们就便宜么！就这些，

---

[1]　巴泽尔著，费方域、钱敏、段毅才译：《产权的经济分析》，格致出版社、上海人民出版社，2017 年。

大厂多会儿也赶不上我们。要说这些技术是咋得来的，我们也没请师傅，没花转让费。前些年我们贩革卖，下大厂钻车间，一来二去就看出门道，套套近乎交个朋友，技术就偷出来了。[①]

加工箱包所用的缝纫机、尺、剪、笔等工具，农民一般都不计消耗，不摊成本。厂房一般都是自己的住房，更没有折旧的观念。

三是在劳动消耗上，家庭手工业生产是以家庭为生产单位，具有亦工亦农的性质，生产者一般都是家庭成员，是为自家劳动，劳动所得为家庭收入，没有向具体生产者支付工资的观念，只要保本微利就干。这样，整个生产成本就只剩下了原材料消耗一项。有的加工户也用了少量雇工，需要支付一定的工资，但一般是计件付酬，没有其他劳保福利费用。

你说生产工艺？我们生产工艺一点不落后，只是闲散人员少，我们不设办公室，也没有专职书记，会计、出纳、业务员是一人，吃闲饭的少，这一点国营大厂就比不了。[②]

四是高资本周转率。白沟市场的工贸联体，适应了家庭分散生产的特点，充分发挥了白沟市场这个大信息源的优势。在白沟，特别是在箱包市场，那些摊主往往既是售货员，又是业务员；既是销售的决策人，又是生产的经营者。货摊前，有零散的交易；货摊后，更有大宗的买卖。今天订了销售合同，明天就可组织生产，两三天内便能供货；今天看准一种花色，明天便可与消费者见面。其产销周期之短，资金周转之快，是许多大厂家和销售单位难以想象的。短周期、快周转，无疑就大大节省了人力和物力，大大提高了资金利润率。价

---

① 《迷人的白沟市场》，第 24 页。
② 《迷人的白沟市场》，第 24 页。

格也就自然而然地具有吸引力。自产自销是农村集镇的一大特点，白沟市场正是抓住了这一特点，发展了这一特点，把数以千计的农家庭院变为生产作坊，把数以万计的农村廉价劳动力组织起来，使自产自销的特点转变为工贸联体的优势。

（二）产业结构优化

随着白沟产业的发展，白沟的手工副业由家庭兼业逐步走向了家庭工业，工业生产取代农业生产成为家庭的主要经济来源。正如费孝通所预料到的农村工业的走向，家庭工业（家庭作坊）进一步扩张，开始雇佣工人扩大规模，进一步走向了家族企业的阶段。[①]随着白沟工贸结合发展模式的形成，特别是专业市场群落的形成，人流、物流和信息流在白沟集聚，市场繁荣带动了产业发展，带动了方圆 50 里内 5 县 38 个乡镇、377 个村庄从事个体箱包生产加工，从业人员有 2.8 万多人。白沟的箱包产业开始形成专业化分工，形成了专业的销售队伍和原辅材料购置人员，出现了印花、剪裁、设计及其他辅助性工种的专业户，使白沟箱包产业的生产和销售开始走向良性循环。白沟镇 4700 户 90% 以上劳动力和辅助劳力投入工贸活动，强大的加工生产基地，为市场竞争积蓄了发展后劲，形成了以工促贸、以贸促工、工贸连体的经济模式，使白沟市场越做越红火，到 1992 年逐步发展为北方商品集散基地和箱包加工基地。[②]

随着工业和商业的繁荣，白沟以农业为核心的产业结构发生了显著变化，逐渐形成以工业和商业为主的产业结构。根据白沟镇政府的档案记载，1978 年以前，白沟 95% 的劳动力从事农业生产，而到白沟商品经济起飞后的 1992 年，这个比例恰好倒了过来，有 95% 的劳动力从事商品生产。农业处于日渐萎缩的状态，1987 年耕地撂荒率达 40%。白沟镇 1989 年的粮食产量和 1978 年基本上

---

① 费孝通：《温州行》（上），《瞭望》1986 年第 20 期。

② 引自《迷人的白沟市场》，第 41 页。

是持平的，也就是说，经过十多年，粮食生产没有发展，没有提高，这是一个很不正常的现象。为了解决这一问题，白沟在 1987 年把实行联产承包责任制后分散到一家一户的耕地集中起来，愿意种地的仍留下，不愿意种的收归集体经营，并公开向社会招标承包。为了吸引承包大户到此承包耕地，镇政府在贷款、柴油、农药、公粮征购等方面制定了一系列优惠政策，2200 亩耕地很快被承德、固安、雄县、涞源和当地的承包大户承包。这一策略解决了白沟地区土地荒废问题，使耕地有了着落，这不仅使长于经商的白沟人抛掉了一个包袱，也为白沟增加了一笔收入。

第三节

小结

改革开放以后，广大农村地区实施了包产到户的家庭联产承包责任制，这一制度变革充分释放了农村发展的活力。农村地区以传统集市为基础孕育了市场的萌芽，并在政策逐渐放开的背景下演化形成了专业市场。在市场"野蛮生长"过程中，各地基层政府逐渐意识到专业市场发展对于带动地方经济发展的重要价值，基于家庭利益的经营活动培养了家庭工商业经营者的企业家精神，释放了地区家庭经营的活力，而家庭经营的活力促进了市场分化过程当中不同经营主体之间的分化和规模扩展。[①]浙江省委、省政府和义乌地方官员在政策不明朗情况下，敢于放手发展民营经济，激发民间市场活力，抢到了发展的先机，为义乌的快速发展打下了坚实的政策基础、理念基础。

随着国家对市场管制的放开，义乌和白沟的市场交易开始兴盛。起初，地方政府并没有立即介入市场经营，对刚开放后的制度环境仍然持保守观望的态度。相对白沟地方政府来说，义乌地方政府在政策不确定性的环境下，面对人民群众发展需求，更早开放市场、建设市场。白沟地方政府心态上则保守一些，并不贸然直接鼓励市场发展。20 世纪 80 年代中期开始，国家支持市场发展的政策逐步明朗化，义乌政府开始主导推动市场的建设，并提出"兴商建县"的发展战略，以此来带动地方经济繁荣、增加地方财政收入。在义乌等南方地区专业市场发展繁荣经济的示范效应下，白沟地方政府认识到专业市场可以起到搞活经济、带动民众致富的效果，因此也开始积极扶持市场建设。乡镇政府参与地方经济活动，希望利用政府资源带动乡镇社区发展，整个乡镇实际上是一个

---

① 　刘成斌：《农民经商与市场分化——浙江义乌经验的表达》，《社会学研究》2011 年第 5 期。

利益共同体。① 与苏南、温州等地区通过发展乡镇集体工业带动地方经济发展不同，义乌和白沟的经济由专业市场带动而兴盛。随着专业市场的兴起，地方家庭工业开始大发展，逐渐形成了专业市场与地方产业良性互动的发展格局。由于地方财政的限制，义乌和白沟地方政府采用银行贷款、社会集资等方式对辖区内的闲散土地进行整理建设，闲置土地资产得以盘活，带动了市场的兴起。另外，义乌和白沟地区农民通过沿街非正式占有公地的形式设置摊位参与到市场的经营活动。除了建设市场交易场所，义乌和白沟地方政府通过"放水养鱼"、贷款支持等政策释放了市场经营活力。在市场秩序规范方面，义乌政府通过优化市场组织管理体系规范了市场经营，并对假冒伪劣产品予以打击，保证市场正常的交易秩序。白沟地方政府也对市场活动进行整顿，但由于组织管理体系不健全、管理人员配备不足，市场治理的重点集中在社会治安和环境卫生方面，而对市场主体失范行为的治理存在不足。

由于乡镇集体工业发育缓慢，义乌和白沟并没有出现其他地区发展乡镇企业大规模圈地的状况。② 在社会力量和政府力量的建构下，义乌和白沟专业市场取得了初步繁荣，义乌小商品市场成为全国知名的小商品交易中心，白沟专业市场成为北方知名的箱包交易中心。义乌和白沟通过发展专业市场，分别带动了小商品加工业和皮革加工业的兴起，形成了多个工业加工村，逐步形成了以工商业为主的产业结构。地方政府通过兴办市场繁荣地方经济，获得了地方财政收入的增长，为市场下一步发展积累了财政资金。义乌和白沟本地农民通过参与市场经营活动和加工活动获利，小商业资本得到积累，同时也推动了土地、劳动力、金融等要素市场的发展，整个市场体系不断健全。工商业的大发展，同时带动了城镇基础设施的改善，吸引了农村剩余劳动力，地方建成区面积和城镇化水平都得到了大幅度提高。

---

① 邱泽奇：《在政府与厂商之间：乡镇政府的经济活动分析》，《中国乡镇组织变迁研究》，华夏出版社，2000年。

② 杨帅、温铁军：《经济波动、财税体制变迁与土地资源资本化——对中国改革开放以来"三次圈地"相关问题的实证分析》，《管理世界》2010年第4期。

第 3 章

市场繁荣与
政府发展型治理

1992 年，邓小平南方讲话回答了长期束缚人们思想的许多重大认识问题，为社会主义市场经济发展奠定了深刻的理论基础。在邓小平南方讲话精神的指引下，党的十四大明确提出，我国经济体制改革的目标是建立社会主义市场经济体制。可以说，党的十四大以后，市场真正开始扮演基础性角色，政府与市场的关系日渐明朗，即市场在国家宏观调控下对资源配置起基础性作用。1993年，党的十四届三中全会通过的《中共中央关于建立社会主义市场经济体制若干问题的决定》，提出建立社会主义市场经济体制，就是要使市场在国家宏观调控下对资源配置起基础性作用，并将党的十四大确定的经济体制改革的目标和基本原则加以系统化和具体化，提出了建立社会主义市场经济体制的基本框架。经过对社会主义建设和经济体制改革的理论与实践探索，1997 年 9 月党的十五大进一步发展了社会主义市场经济理论，进一步明确了如何发挥市场对资源配置的基础性作用：改革流通体制，健全市场规则，加快市场管理，清除市场障碍，打破地区封锁、部门垄断，尽快建成统一开放、竞争有序的市场体系。十五大进一步厘清了政府和市场的界限，为政府与市场的有机统一奠定了基础，从根本上推进了社会主义市场经济体制的建立。

在建立社会主义市场经济体制过程中，为了进一步改革流通体系，发展商品市场，国家大力推进包括生产资料和生活资料在内的批发与零售相结合、大中小相结合、有形市场与无形市场相结合、现货市场与期货市场相结合的多层次、多种运行方式并存的商品市场网络建设，为建立全国统一市场奠定了基础。

在国家政策支持下，各地兴起了办市场的热潮。除了工商办市场，国有、集体等多元化经济主体开始办市场。大量产地型、销地型和集散型的专业市场迅速发展，辐射范围进一步扩大。

在市场不断扩展过程中，假冒伪劣品泛滥、不正当竞争等市场混乱问题一直影响着市场秩序。为了规范市场秩序，国家出台了《反不正当竞争法》《消费者权益保护法》《商标法》《产品质量法》等法律法规，各级政府也纷纷加强对市场的管理和监督。

义乌和白沟地方政府在专业市场发展过程中发挥了重要作用，纷纷通过有效的沟通了解市场发展的相关信息，不断明确问题，积累经验，设计出符合市场实际情况的制度和相关政策，推动了专业市场的发展。这一阶段义乌和白沟专业市场在发挥商品交易和集散功能基础上，市场的价格发现、结算、信息收集、加工和发布、综合服务等多种功能得到全面发挥，在合理配置市场资源过程中发挥了重要作用，并逐渐进入规范化、规模化发展阶段。

第一节

义乌政府对市场秩序的外在规制

1994 年，义乌在小商品市场原有的基础上，成立中国小商品城股份有限公司，使义乌小商品市场步入了新的更高的发展阶段。这不仅是名称的改变，而且是运行机制、企业性质的改变。原来的小商品市场不论发展到什么样的程度，仍然是一个由工商行政管理部门领导的商品集散地，主要功能还是为商品的生产者、贩运者和购买者提供交易场所和服务。严格地说，它不能算是一个独立的企业，仍然没有经营职能。公司成立后，既保留了原有的商品流通中仍然十分需要的商品集散地的功能和场内工商户自主经营的格局，又在此基础上嫁接了现代企业制度。公司不光是一个管理机构，也是自主经营的企业，更加适应社会主义市场经济发展的要求。

一、政府引领下市场的整合与升级

（一）以第四代市场为核心的市场群落形成

随着市场规模不断扩大，要求进场设摊的经营者不断增加，原有的市场无论是摊位数还是整体环境都不能满足发展的需要，义乌小商品市场面临着再次扩建问题。① 义乌市工商局于 1990 年 2 月、4 月、6 月三次向市政府提出建议扩

---

① 当时城中路第三代小商品市场摊位全部占满，还有 2951 家经营户在通道内流动经营，省内外要求入场经营而被拒之门外的尚有 2000 余户，摊位缺口达 5000 多个。由于占道为摊，人流车辆拥挤。多种因素作用下，要求扩建市场的呼声越来越强烈。

建小商品市场。义乌市委、市政府及相关机构经过充分调查研究论证，于 1990 年 6 月 8 日召开五套班子联席会议，作出扩建篁园路小商品市场的决定。义乌扩建小商品市场的决策得到了省领导的支持，省里还给予征地方面的保障。在各级政府领导的支持下，义乌小商品城扩建项目加快落地。

篁园路小商品市场一期于 1992 年 5 月正式开业，占地 4.57 万平方米，建筑面积 5 万平方米，为两层室内商场结构。主楼高 12 层，设室内摊位 7100 个，共设 8 个交易区、32 个服务台、335 个摊位小组。[①] 在市场准入阶段就启动了划行规市，8 个交易区对应文体、五金、电子、箱包、雨具、鞋类、纽扣、化妆品等 8 大行业。篁园路小商品市场集综合性、实用性、现代性于一体，实现了"室外市场"向"室内市场"的转型升级。作为义乌的第四代小商品市场，由于建设规模和投资额巨大，篁园路小商品市场很难全部依赖政府财政资金支持。经义乌市委、市政府同意，市工商局采用经营者集资建场办法兴建。[②]

这一时期，义乌小商品市场的规模和影响力不断扩大，并得到了国家层面的认可。1992 年 8 月，国家工商总局批准义乌小商品市场更名为"中国小商品城"。义乌"小商品的海洋，购物者的天堂"的名声开始在全国范围传播。

随着邓小平南方谈话提出"三个有利于"[③]标准，义乌市委、市政府进一步解放思想，加快推动篁园路小商品市场二期建设，并提出了建设市场新的思路：强化市场机制运用，引入招标、拍卖的方法吸引市外的大商人、大企业；经营品种上除法律禁止一律放开经营；进一步放宽对经营主体的限制，通过宽松政策推动个体户成为市场的主体。1994 年 10 月 28 日，篁园路二期市场竣工开业，占地面积 7.1 万平方米，设摊位 7000 多个，新增日用百货、电器、针棉、线带

---

① 《义乌市志》（第二册），第 558 页。

② 按照义乌市政府批复的《义乌小商品市场扩建集资办法》规定，凡在市场上经商的和领有营业执照而要求摊位的，每户集资 2000 元，分 5 年归还。集资工作分二期进行，其中一期 7710 户，集资 1542 万元，二期 5989 户，集资 1197.80 万元。

③ 即有利于发展社会主义社会的生产力，有利于增强社会主义国家的综合国力，有利于提高人民的生活水平。

四大行业[①]。2000 年 4 月和 10 月，市场内分别增设了中国小商品城进出口商品展销中心和眼镜市场，吸引了一批知名企业和经销商入驻，市场功能也从单独的贸易转化为贸易与展示相结合。

党的十二大明确提出建立社会主义市场经济体制进一步激发了义乌地方政府发展市场的信心。1992 年 11 月，义乌市委和市政府出台《关于加快市场建设培育市场体系的若干意见》，提出在宾王小区兴建综合性市场群，整合已有相关市场，以解决已有市场空间不足、基础设施落后的问题。[②]1995 年 11 月，宾王市场竣工并开业，原篁园市场服装交易区、新马路副食品市场、丹溪路纺织品市场整体迁入经营。至此，义乌小商品市场全部搬入大厅式室内市场。宾王市场由 5 个交易区块和室内文化市场、国际贸易中心等 7 部分组成，摊位 8900 个，店面 600 间，附设 315 套配套商住（仓储）房。[③]与之前小商品市场由工商局作为建设主体不同，宾王市场建设主体为中国小商品城股份有限公司。由工商部门管理和主办的中国小商品城经过管理和主办脱钩，实现了管办分离，对市场进行企业化管理。这项改制比 1996 年国务院要求全国批发市场实行管办分离的政策提早了三年。宾王市场建设资金主要采用房地产开发形式筹措，一方面通过将三至五楼的大部分商住房作价出售给个人，筹措约 3 亿元资金；另一方面将市场摊位以集资形式向有经营意向的商户放开筹措资金。

到 2001 年，义乌小商品市场形成了以篁园路市场和宾王市场两大四代小商品市场为核心的市场群落，市场总体功能不断健全，市场规模不断扩大，商品门类不断增多，市场主体日益多元化，真正形成了"买全国、卖全国"的大格局，成为当时全国最大、档次最高的室内批发市场。市场营业面积从 1985 年的 1.36 万平方米增加到 52 万多平方米，经营商位达到 2.5 万多个，市场交易

---

① 《义乌市志》（第二册），第 559 页。
② 丹溪路纺织品市场为典型的马路棚架市场，亟待搬迁；新马路副食品市场初步呈现大跨度、远辐射的商品市场雏形，具有发展潜力，但无扩展余地，也亟待搬迁。
③ 《义乌市志》（第二册），第 560 页。

额也从 6190 万元猛增至近 212 亿元，来自浙江各地和其他沿海省份的商品陆续进场，周边地区相继有 6 万多家中小企业与义乌小商品市场建立了紧密的业务联系。

表 3-1　1992—2001 年义乌小商品商位、营业额、成交额一览表 [①]

年份	商位数（个）	营业面积（万平方米）	年成交额（亿元）
1992	13910	10.3	20.54
1993	13910	10.3	45.2
1994	22731	22.8	102.1
1995	25747	51.5	152.07
1996	24069	51.5	184.7
1997	23023	51.5	145.119
1998	22923	51.5	153.40
1999	24350	51.5	175.35
2000	25195	52	199
2001	25195	52	211.97

（二）全国性市场网络体系的形成

随着义乌本地市场的繁荣，义乌小商品的管理者、经营者不断向义乌以外地区拓展。以义乌小商品专业市场为龙头，以生产要素市场为支撑，遍布全国的市场新体系逐渐形成。

如果说义乌小商品市场建设与扩展是义乌小商品市场发展的"母空间"，那么各地建立的分市场或子市场则属于义乌小商品市场发展的"子空间"。这一市场空间的拓展是以经营者为核心的社会力量与政府力量共同建构的结果。1992年底，在北京开业的义乌小商品城通县营业厅是义乌小商品市场在外地兴办的第一个分市场，也是义乌工商局在全国率先开始异地办市场的尝试。1993 年 6

---

① 相关数据根据义乌市历年统计年鉴整理。

月 28 日，经过多次磋商，义乌市工商局与新疆建筑木材加工总厂正式签订联合兴建集贸市场合同，双方决定联合兴办中国小商品城乌鲁木齐分市场。合同规定：义乌市工商局在市场租赁期内对市场营业用房及摊位有自主安排权，两年使用权到期后有整体优先承租权。进场商户每户集资 4000 元，前两年免收摊位费，后十年租金在双方协商统一定价的基础上给予 18% 优惠。中国小商品城乌鲁木齐分市场可以根据自己的特点成立必要的组织，协调处理内部事务。[①]

义乌分市场在各地的建立实际上是义乌成功经验的管理输出，也是义乌市场积累的资本的输出，满足了后发地区相关的需求。北京通县和新疆乌鲁木齐分市场建立后，更多的小商品城外地分市场相继建成。至 2001 年，通过合资、独资、集资、承包、托管等方式，义乌小商品市场在全国 20 个省市办异地分市场 45 家。其中，西北地区 7 家，华北地区 11 家，东北地区 3 家，中南地区 13 家，西南地区 3 家，华东地区 7 家，华南地区 1 家。[②] 义乌小商品市场进入了在异地创办子市场、构建全国乃至全球分市场的市场网络新时代。

二、实施"贸工联动战略"，塑造地方发展竞争优势

党的十四大后，义乌地方政府发展市场经济的决心得到强化，同时，对地方经济发展所面临的内外部环境进行了系统的评估与反思。在外部竞争方面，从 1991 年开始，义乌小商品市场成交额已经位列全国专业市场首位，但全国其他地区专业市场建设热潮汹涌而来，使义乌面临着极为严峻的外部同质化市场的挑战。在内部产业结构方面，义乌小商品市场的发展虽然带动了地方乡镇工业发展，但以家庭工业为主的地方工业对本地产业发展支撑有限。面对内外部形势，义乌市委、市政府居安思危，认真评估市场发展存在的问题，直面自身

---

① 《义乌市志》（第二册），第 601 页。
② 《义乌市志》（第二册），第 601 页。

产业支撑不足的现实挑战。时任义乌市委书记楼国华和义乌市市长吴蔚荣认识到必须要协同发展工商业：

要维持市场竞争中的领先地位，仅仅依靠小商品市场的辐射和集聚是不够的。商贸业要持久繁荣，必须有产业的强劲支撑。义乌要寻找新的前进动力。[①]

义乌没有在孤立搞市场建设，而是在推进"兴商建市"战略的过程中，充分发挥商贸资本雄厚、市场信息灵敏、经商人才众多等优势，积极实施"引商转工"、"贸工联动"策略，引导民营企业家和商业资本向工业扩展，大力发展小商品制造业，形成与专业市场紧密联动的工业产业体系。[②]

20 世纪 90 年代中期，义乌政府对城市整体发展战略进行了动态调整，在坚持"兴商建市"总体战略不动摇的基础上，适时实施"以商促工、贸工联动"战略。义乌政府一方面坚持"兴商建市"，通过场地空间升级、业态提升、外向发展、管理模式创新等方式为市场发展创造良好支撑条件。另一方面，在推动市场不断升级的过程中，引导商业资本向工业拓展，大力发展优势明显、市场关联度高、适销对路的产品，打造具有本地优势的小商品生产基地、产品与专业市场紧密联动的工业产业体系。

为了推动"以商促工、贸工联动"战略的有效落实，政府不断推动高效利用土地、资本、人力、物流、信息等要素资源，为地方经济发展创造比较优势。在土地资源方面，通过不断争取上级政府支持，为专业市场发展和工业发展提供有力的土地保障；通过盘活土地资源，推动土地资本化为地方经济发展提供建设资金。在资本方面，通过向社会筹集资金支持市场建设，同时通过构建以银行等为核心的地方金融市场为企业和商户提供经营性资金保障。在人力资源

---

① 黄平：《发现义乌》，浙江人民出版社，2007 年，第 68 页。
② 黄平：《发现义乌》，浙江人民出版社，2007 年，第 69 页。

方面，积极重视市场主体的培育和经营商户的遴选，不断吸纳更多优秀的外地经营者入市，优化市场主体结构；强化市场主体的教育培训，把提高劳动者经营素质作为一项基础工作来抓，提高市场经营者的依法经营和诚实守信意识；采用培训班、讲座等多种形式，对商户和企业主进行专项的技能培训，提高经营户的专业知识水平和实际操作能力。在物流方面，政府开始发展物流及其他配套设施，为企业经营提供基本的物流保障。在信息与技术流方面，通过举办展览会、鼓励商家外地参展等措施充分把握市场相关的信息流，通过升级电信基础设施保障市场信息流的流动效率。在关联产业打造方面，建立义乌经济技术开发区、工业园区等产业集聚区，努力借助本地市场形成的既有优势促进相关产业的快速发展；基于义乌已然形成的全国性销售网络和地域专业化生产，重点培育与市场关联度高的袜业、饰品、拉链等优势产业集群。通过构建与专业市场紧密联动的工业产业体系，"义乌制造"逐渐成为义乌小商品市场的重要支撑，义乌逐步形成了"小商品、大世界，小企业、大集群，小产业、大市场"的发展格局。

三、转变政府职能，优化市场治理的组织体系

1993 年，义乌小商品市场已经具备自我发展、自我管理的能力，义乌党委、政府遵照国家有关精神及时作出决策，在市场经营管理体制上果断实施"管办分离"，全面退出竞争性领域，通过组建专业性市场经营公司代表政府对市场进行开发管理，使政府和投资者各司其职、各得其所，市场机制的基础性作用得到充分发挥。

在实行"管办分离"经营管理体制后，义乌相关政府部门及时退出市场主办方的角色，通过控制土地使用权和市场摊位的所有权来控制事关市场发展的战略性经济资源，牢牢掌握市场发展的主动权。义乌政府的具体做法是成立产权多元化的中国小商品城（集团）股份有限公司（以下简称小商品城集团）、义

乌市场开发服务中心①和浙江义乌农村经济发展有限公司②等专业性市场经营公司来对义乌的专业市场进行统一管理运营。

小商品城集团以义乌市政府投资为主，同时吸收北京、上海的知名企业作为股东参与经营管理。义乌市政府的战略意图主要通过现代公司治理结构的股东大会或董事会，而不再是文件、公告等行政命令来传达。小商品城集团代表政府作为市场的建设者，通过市场化手段对市场的硬件建设、配套服务、经营开发和物业管理等进行管理。另一方面，义乌政府通过对小商品城集团的控股，掌握市场建设的主导权，实施政府对于小商品发展的总体规划，推动市场结构调整和合理布局，提高市场整体竞争力，为市场交易秩序的稳定提供了稳定的、透明的、可预期的制度环境和体制框架。小商品城集团还代表义乌政府提供市场发展所需要的要素资源和配套基础设施，例如配套建设物流业、举办展会、开发建设小商品专业网站等，引导市场业态升级，促进市场组织形态从传统的集贸市场发展成为初步具有现代化、商场化、国际化特征的新型专业市场。

小商品城集团之外，义乌市政府设立专门的机构对全国范围内的分市场进行规范管理。20 世纪 90 年代初，由于义乌小商品市场蕴含的巨大品牌价值，"义乌市场"作为一种资源和资本，在全国各地市场被借牌运营，存在着很多不规范的现象。1999 年 5 月 24 日，义乌市人民政府出台了《关于印发"中国小商品城"国内外分市场冠名权管理办法的通知》，明确将分市场管理纳入无形资产特许经营权管理范围，并设定了"事前考察、优中选点、合理布局"的冠名原则。义乌市政府于 1999 年设立义乌市对外拓展有限公司（办公室），以加强对

---

① 义乌市场开发服务中心主要负责物资市场、文化用品和化妆品市场等 10 多个特色专业市场的建设和经营，同时下设市场物业管理公司、市场广告公司等配套企业。主要有两大功能：一是代理政府经营管理特色专业市场、专业街；二是协助工商、质检等政府部门做好行业行政管理，如商户登记、发证、年检等工作。

② 浙江义乌农村经济发展有限公司主要负责代表政府运营农贸城专业市场，主要功能是拓宽义乌农产品流通渠道，优化调整农业产业结构，促进农业产业化。

义乌分市场建设、商品拓展和招商管理等方面的系统化管理，以利于更好地维护和发挥义乌中国小商品市场的无形资产优势，提升中国小商品城在国内外的形象。

四、不断强化对市场交易秩序的规制

（一）"划行规市"规范市场经营秩序

义乌前三代小商品市场大致划分了行业布局，但整体的空间布局、行业布局缺乏系统规划，市场加速扩张后导致市场行业混杂，尤其是摊位经过频繁交易转让后，行业格局不断遭到破坏，这也为客户了解商品信息、讨价还价增加了难度。客户由于交易信息的不对称被商户蒙骗的事件时有发生，市场的整体交易秩序有待进一步规范。

20世纪90年代中期，为了更好地进行市场规划和治理，以解决市场扩张过程中存在的市场秩序混乱、交易信息不明等问题，义乌政府提出实施"划行归市"。1992年8月25日，义乌市委召开五套班子领导会议，正式提出全面实施划行规市。从1992年起，新建的几个第四代小商品市场全部按照"划行规市"的要求进行布局、管理。划行规市使得同类商品安排在同一地段经营，这些摊位可以展开充分的竞争，以此提高商品价格的透明度，进而也促进质量管理、交易秩序管理等，收到了良好的市场交易秩序治理效果。例如，原先在第三代市场中散乱分布的人造花与鞋类摊位，经过划行归市，在同一区域开展质量和价格竞争，大大方便了采购商、经营者，使市场人气大增，摊位数量迅速增长，鞋类成为仅次于服装、袜类的第三大类商品[1]。划行归市使得市场人气、竞争力、吸引力、凝聚力明显增强、明显提升，极大地促进了义乌市场的蓬勃发展。划行规市这种市场规范化治理举措使得义乌市场摊位价格更加透明，有利于市场

---

① 刘俊义、王伟民：《小商品市场的"划行规市"》，《义乌方志》2007年第2期。

形成薄利多销的充分竞争机制，这一制度创新至今仍在义乌各大专业市场严格执行。

（二）规范市场摊位的准入、租赁或转让

义乌小商品市场的每一次搬迁和扩建都是在小商品贸易高速发展、原有市场已不能完全满足商户需要的情况下有计划实施的。因此，每次市场开业摊位都是供不应求。为确保能够吸引有意愿、有能力的经营商户过来，也为了避免"人情摊"，市场管理者设立了一定的标准作为门槛，采取统一编号、公开抽签定位的办法安排摊位。位置好的稀缺摊位，则采用招标拍卖的方式。例如，在篁园路小商品市场二期，政府采取招标拍卖的形式分配（出售）摊位，标底 1 万元；最终有 7500 人参加投标，最低中标价 12051 元，最高 38889 元，为市场建设筹资找到一条出路。①

在义乌市场的高速成长时期，摊位供不应求，成为稀缺资源。起初，政策规定禁止摊位出租或转让，但私下交易仍然存在，而且十分隐蔽，想阻止也难，查处更难，最终导致出现使用权纠纷等扰乱正常市场秩序的现象。经过调查，市场管理者转变了思路，认为在摊位供不应求的情况下，出租和转让是摊位经营权这一稀缺资源得到有效配置的交易方式，通过出租、转让，把摊位转移到经营能手手中，有利于市场经营者整体素质不断提高。1992 年，义乌市工商局出台了允许摊位公开转让的政策，同时允许搭摊、并摊，以提高摊位利用率。另外，在管理过程中，市场管理者定期组织人员对摊位、商户进行检查、摸底，对于想经营而没有摊位的，动员他们与"空摊"的摊主协商，或租赁或购买，以获得摊位使用权，确保市场整体经营效率。同时，财税、物价、工商等相关部门加强对市场摊位租赁的管理，严厉打击哄抬租金的行为。

1994 年，义乌成立产权交易所，公布了《摊位（使用权）转让实施细则》，

---

① 《义乌市志》（第二册），第 569 页。

小商品市场摊位转让、租赁统一由产权交易所办理。摊位使用权的交易，成为一项合法、规范、受法律保护的行为。之后，产权交易所业务逐步发展到产权交易、拍卖、股权托管、转让等，初步构筑起义乌的产权交易体系。产权交易所在交易品种、交易领域、交易活跃度上都处于浙江省内领先水平。据统计，1994—2002 年，义乌产权交易市场累计成交额超过 14 亿元。

表 3-2　1994—2002 年义乌市产权交易所（中心）成交额 [①]

年份	总成交额（万元）	摊位转让		累计股权托管	
		转让数（个）	成交额（万元）	股权数（万股）	企业数（个）
1994	3296	1149	2466.57	—	—
1995	12048	1132	2320	2500	827
1996	16095	1522	3582	3300	1090
1997	20982	1240	3439.6	5768	2389
1998	24868	1054	3101.94	7758	3205
1999	22300	1065	3607.11	22497	6593
2000	19331	822	3278	28684	7253
2001	10869	664	2572	29065	7315
2002	11290	556	2941	32141	7592

（三）进一步完善小商品经营的信用体系

20 世纪 90 年代末，义乌市委、市政府为了提升义乌小商品市场整体形象，从政府决策层到具体监管层全面实施"质量立市、信誉兴市"，并提出要把义乌

---

① 　数据来源：《市场义乌：从鸡毛换糖到国际贸易》，第 128 页。

市场的产品质量视为命根子，要以"谁砸市场的牌子，就砸谁的饭碗"的决心开展打假治劣活动。

为了限制商户机会主义行为对市场整体信用的伤害，义乌小商品市场管理者在多年的实践中，围绕市场摊位管理、质量监督管理等重点环节，形成、建立、完善了信誉卡明码标价制度、不良行为经营者教育培训制度、上市商品分类监督管理制度、市场经营者信用记录管理制度、证照核发管理制度、"总代理、总经销、特约经销"管理制度、广告管理制度等信用建设规范，从而保证了良好的经营秩序，使义乌市场在全国专业市场的激烈竞争中建立了良好的信用口碑。例如，在摊位管理方面，市场管理处明确规定每个经商户必须挂证经营①，以便于政府管理和客商监督。在明码标价和质量监督方面，为了限制交易中的质量、价格欺诈，强买强卖，假冒伪劣，合同违约等违规行为，市场管理处要求每个摊位所有人对所售出的商品开出质量保证书，并向管理处交纳一定质量保证金，一旦客户合理投诉，市场管理处有权先行代为支付赔偿金，再与摊主结算。另外，实行三排悬挂警示制度，对因从事制售假劣等违法行为收到警告的挂黄牌，对情节严重或数次违法被处以停业整顿的挂白牌，直到吊销营业执照。

此外，义乌通过宣传义乌市场整体品牌和引进名优产品来强化义乌市场整体品牌形象。充分利用义乌市场已经形成的整体品牌，通过电视专题片、报刊等媒体报道和主办展览会、交易会等方式，展现义乌充满活力的市场形象，打造义乌市场品牌，扩大义乌市场品牌影响力。发挥"义乌中国小商品城"无形资产的优势，实施市场品牌管理，将全国各地的分市场纳入无形资产特许经营权管理范围，不断丰富义乌品牌的内涵。通过建立专业市场的品牌专区，利用义乌小商品博览会吸引国内外知名企业参展，引进名牌企业入场交易，引导经

----

① 即公开悬挂明示所属市场区块及摊位编号的经营许可证，是党员的还要悬挂"党员经营户"的标记。

营大户做名牌企业的经销商与代理商，从而提高市场名牌产品的交易比重，同时以严格的规范化管理与售后服务来提升名牌经营区的知名度、美誉度与可信度。2001年，第七届中国小商品博览会有1026家企业参展，参展外商达到3000人，成交额达43.68亿元。[①] 为了强化企业品牌意识，义乌出台创牌奖励政策，对获得全国驰名商标的企业奖励100万元，获得浙江省著名商标的奖励10万元，被评为市知名商标的奖励3万元。这些奖励项目的设立，激励了企业主动抓质量、创品牌。2000年，义乌注册商标总数2258只，其中申报推荐国家驰名商标2只（浪莎、能达利），浙江省著名商标5只（浪莎、能达利、蜜蜂、帅达尔、钱江）。

五、利用社会力量强化对市场的治理

随着我国社会主义市场经济体制的建立，行业协会、企业协会等社会组织对企业和政府行为的影响越来越大。社会组织是市场治理主体的重要组成部分，充分发挥行业协会等社会组织的社会性规制作用，对市场治理意义重大。义乌政府通过积极鼓励发展行业协会、业主协会等民间自治性组织，对市场经营户行为进行必要的规范，防止不正当竞争行为的发生，从而建立良好的竞争秩序和市场交易秩序。

在专业市场内部，商户之间基于社会网络所形成的信任是保证市场有效的重要基础。但是这种信任相对来说是比较脆弱的，个别成员的机会主义行为很容易破坏市场竞争秩序，损害市场声誉。因此，发展组织化的社会团体对优化市场秩序具有重要作用。义乌为了规范市场交易秩序，支持商户成立市养蜂协会、市联托运行业协会、市服装行业协会、市纺织行业协会、市市场协会、市商标协会等行业协会组织，以协助政府做好市场治理活动。例如，为了发挥社

---

① 《义乌市志》（第二册），第589页。

会组织力量打击制售假冒伪劣行为，义乌工商行政管理局引导义乌的企业成立义乌市保护品牌产品联合会。联手打假，保护企业和经营者的合法利益是联合会的一个重要职能和作用。通过不断加强"横向与部门、纵向与企业"的桥梁和纽带作用，联合会与企业、政府执法部门形成了完整的打假协作网络，为义乌工商部门的打假维权工作和市场的持续繁荣作出了积极贡献，走出了一条工商部门与社会组织联手打假维权的新路子。政府还引导联合会与个体劳动者协会，从信誉度高的经销商中推选人员组成协查员队伍。这支队伍熟悉厂商产品，善辨真伪，打假热情高，能够为工商执法提供更多准确的案源信息，提高打假的精准性。

在税收管理方面，义乌政府利用协税护税协会，在全市范围成立了协税护税小组 822 个，协会近 4 万名会员遍布义乌城乡，形成了一个完整、有机、覆盖面广的网络。[①] 在配合国税征收改革的进程中，协会引导 4 万多经营户进行自我教育、自我管理，提高了纳税遵从度，达到了依法治税的目的。

六、长期坚持"放水养鱼"政策

1990 年以后，义乌市政府重点抓规模工商企业的税收征收，对中小企业依然采用"放水养鱼"的培养税源方针。这一方针在 1994 年国家开始实施国税和地税的分税制改革后也没有变化。义乌为了方便涵养税基，对税收采用一次性征收，然后按照 6∶4 的比例分别入库。根据《个人所得税法》相关规定，个体工商户所得税的累进税率应为 5%—35%。但为了调动小商品经营商户积极性，义乌对小商品摊位地税依然采用定额征收的方法，根据经营商品类别每月定额收取税费。到 2000 年时，定额标准如表 3-3 所示。

---

① 俞斌兴、黄晓勇、吴象水：《义乌税收走向规范化》，《中国经济时报》2002 年 9 月 17 日。

表 3-3　义乌小商品市场 2000 年分商品类别平均每个摊位的地税征收额 [1]

单位：元

商品类别	月税费	商品类别	月税费	商品类别	月税费	商品类别	月税费
线带	64.06	工艺品	77	干果	73.7	衬衫	95.2
花类	73.5	小五金	75.4	针织品	57.9	杂货	74.8
纽扣	56.03	副食品	69.5	毛巾	101.7	家电	67.5
针锦	71.02	玩具	71.05	鞋类	58.5	花边	101.1
电器	57.9	文体用品	78.1	毛线	93.9	领带	177
日用百货	73.6	针织（袜）	73.5	服装（宾王）	73	服装（篁园）	42.8
雨具	72	化妆品	59	针织内衣	48.9	床上用品	150.4
钟表	91.7	电子产品	68.4				

　　义乌政府严格规范对税费的收取，做到合理收费，杜绝乱摊派、乱收费。相关单位收费必须报市政府批准后方可收取，对未经批准的收费项目，商户可以拒付。另外，义乌政府制定了年度收费项目公示制度，提高收费透明度。

　　规范税费征收的同时，政府对商户采取低租费扶持政策。1991 年制定的篁园市场摊位租金每月 80 元长期不变，摊位每年工商管理费 480 元长期不变，物业管理费只收取成本价。这些扶持政策对义乌市场保持低成本竞争优势具有重要意义。

七、市场治理效果

（一）产业结构进一步优化

　　1993 年以后，政府因势利导实施"以商促工、贸工联动"的战略举措，大

---

[1]　数据来源：刘成斌《义乌：市场变迁中的分化与整合》，人民出版社，2015 年，第 199 页。

力发展与市场关联度更高的产业，义乌商业资本向工业扩展，义乌工业发展进入高速增长阶段，与专业市场形成了紧密互动的工业产业体系。义乌形成了 16 个特色鲜明、创新能力强、引领国内外潮流、具有世界市场影响力的小商品制造业，包括饰品、服装、针织、袜业、拉链、工艺品、玩具、化妆品、文化用品等。

到 1995 年，义乌第二产业的比重超过第三产业。1995 年以来，第一产业比重逐年递减，且始终处于 10% 以下；第二产业稳步增长，比重在 50% 左右；第三产业比重在 43% 左右。义乌经济在经历了第三产业的优先发展后，进入了第二产业与第三产业联动发展的阶段，推动义乌形成"小商品、大世界，小企业、大集群，小生产、大市场"的发展格局，使义乌从小商品集散地向小商品流通中心、制造中心方向发展。义乌小商品市场和小商品制造业集群在经过多年的积累和互动发展后，成为可持续发展能力强、辐射作用大的区域经济增长极。

表 3-4　1992—2001 年义乌市工业企业基本情况一览表 [①]

年份	企业总数 （家）	规模以上企业 （家）	从业人数 （人）	工业产值 （万元）
1992	9827	—	113482	306090
1993	9431	—	138017	610001
1994	13155	—	195702	1199551
1995	12274	—	216761	1141000
1996	11905	—	217796	1809000
1997	11187	—	200261	1964229
1998	11366	143	211162	2110866
1999	10078	142	213046	2213844
2000	10487	164	232314	2558418
2001	10508	165	244876	2853356

[①]　根据义乌历年统计年鉴的相关数据计算而得。

表 3-5　义乌市产业结构变动表 [①]

年份	第一产业	第二产业	第三产业
1992	14.0%	28.2%	57.8%
1993	13.1%	37.5%	49.4%
1994	10.7%	41.2%	48.1%
1995	10.1%	47.0%	42.9%
1996	9.01%	47.8%	43.1%
1997	5.08%	50.6%	44.3%
1998	5.07%	50.7%	43.6%
1999	6.4%	50.6%	44.1%
2000	5.9%	50.6%	43.5%
2001	5.3%	50.8%	43.9%
2002	5.1%	50.6%	44.3%

（二）城市化步伐不断加快

小商品贸易大发展带动了相关第三产业的发展，吸引大量义乌本地农村人口和外地人口向义乌城区集聚，进而推动了义乌城市化的进程。在集聚经济效应与政府工贸联动战略的引导下，义乌制造业迅速向义乌经济技术开发区和园区集聚。这种产业集聚方式使义乌城市化快速扩张。

随着义乌1997年通过产权交易所向社会公开出让部分基础设施的使用权、经营权、收益权，城市基础设施在社会资本参与下得到极大改善。城市建成区面积由1991年的6.44平方公里扩大到2001年的32.2平方公里。城区人口由1991年的12万人增加到2001年的43万人。2001年义乌城镇化水平已升至55.2%，远高于浙江省42%的平均水平。

这一时期，不仅城区范围日益扩大，城市品位也得到明显提升。义乌先后荣获"全国社区建设示范市""浙江省文明城市""浙江省卫生城市"等称号。

---

① 根据义乌历年统计年鉴的相关数据计算而得。

第二节

白沟政府对市场的规范治理

白沟市场发展后，政府面临以下几个问题：将传统的企业组织改造成现代企业组织，在大量个体私营企业基础上，建立并发展一批现代企业制的企业；建立现代的市场组织形式和市场交易方式；改变原有的以低加工度、低附加值为主的产品结构和产业结构，转变为高加工度、高附加值的产品和产业结构；实现劳动密集型产业向资本和技术密集型产业的转型。地方政府原本希望以辖区内的土地为核心，通过招商引资发展规模工业并扩大地方专业市场规模，但由于在市场发展过程中出现的"黄赌毒"等现象，惊动了中央和省级政府，政府对市场进行整治，造成了投资热潮的衰退，很多烂尾工程产生，导致市场进入短暂萧条期。此后，地方政府主导市场建设，对市场进行综合治理，20 世纪90 年底末，白沟市场逐渐恢复人气，箱包加工业规模也逐渐壮大。

一、政府引领下市场的发展

在这一阶段，白沟镇政府通过建设交易大厅，引导商户"退街进厅"，掌握了市场的经营管理主导权。政府通过征用集体土地，不仅取得了市场的建设权，还取得了经营市场的权力，实质上控制了白沟箱包专业市场的产权。这一阶段，政府采取市场租赁模式，通过收取摊位租赁费获取收益。政府建设市场时综合考虑经济效益和社会效益，经济效益表现为市场对财政的贡献；社会效益则体现在增加社会就业，提升农村和城镇居民收入。白沟地方政府的兴商政策和直接"办市场"对白沟的市场分化和各类专业市场的形成发挥了重要作用。

（一）各级政府对发展白沟市场形成共识

20世纪90年代初，白沟市场的崛起引起了河北省各级政府的重视，政府意识到发展商品流通业可以带动地区经济发展。时任河北省副省长郭洪岐指出：

因此，在重视生产性设施建设的同时，也必须高度重视流通性设施建设，二者不可偏废；工业有骨干项目，流通企业也必须有骨干项目。工业企业可以成为财政支柱，流通企业同样可以成为财政支柱。工业企业要搞技改，而流通企业同样也必须搞技改。各级领导人跑项目既要跑生产性项目，也要跑流通性项目。大量事实证明，流通性项目往往投资少，周期短，见效快，风险小。

虽然白沟市场兴起是农民自发经济行为的结果，但在市场发展过程中，各级政府逐渐有意识主动规划市场，以便在激烈竞争中形成比较优势。白沟箱包与小商品市场的形成和发展具有先发优势。到20世纪90年代初期，全国各地纷纷兴办市场、发展地方工商业。就全国的市场格局来说，形成了百花齐放的市场繁荣景象；但对单个市场主体和区域而言，则意味着市场竞争的加剧。竞争的焦点是客流、资金流、商品及交易信息。为了推动白沟市场发展，河北省宣传部门有意识、有计划开展了"兴起一个产业，带起一个市场，激活一方经济，富裕一方百姓，兴旺一座城镇"的"白沟现象"大讨论，并逐渐引发了河北省内及全国媒体对这一现象的关注。

掌握着大众传播工具的宣传部门，不仅能够通过宣传思想工作，调动人们的积极性，间接创造财富，还可以发挥其特有的传播功能，主动介入经济活动，通过宣传企业、宣传产品，迅速有效地传递各种信息，直接参与财富的创造……前不久，30 多家新闻单位集中发表了 500 多篇宣传白沟市场的文章，使白沟名声大振，客流量骤增，仅 4 个月的时间，白沟就引进了一大批项目。①

白沟的发展还进一步得到了国家的认可。1994 年底，国内贸易部发布《全国商品市场规划纲要》，对发展壮大的白沟市场提出了相关要求。1992 年以后，河北省和保定市委都把白沟当作发展市场经济的样板，在机构设置方面，白沟有别于一般的乡镇。例如在乡镇一般不会设立的公安分局、工商分局、税务分局、邮电分局、电力分局和烟草分局等，在白沟地区都设立了。

白沟的市场知名度和招商引资方面优惠、灵活的宽松政策，吸引了大批资金、项目。

1992 年小小白沟引进资金 8 个亿，有 112 个项目同时施工，近两万名施工大军奋战在白沟，一座座大楼拔地而起。投资数百万、数千万元以上的天津商业一条街、福建石狮一条街、保定地产一条街、箱包交易大厅、综合交易大厅、旅游飞机场等，紧张施工。投资一亿多元的华北商业城及大来民族商城、七彩城也在白沟落户。

在经营范围上，除了国家明令禁止的以外，一律放开，鼓励人们大胆经营，真正做到了价格、品种、经营全放开。

当时物资匮乏，是东西就疯抢，主要是小商品。当时的白沟辐射三北，人们叫作北方小香港、集散中心。小产品来自全国各地。当时格局说"南义乌北白沟"，实际 80 年代末 90 年代初，白沟的带动力和影响力远大于义乌。市场发展引来白沟的三热：宣传报道热、参观考察热和征地投资热。许多外地人看准白沟是

① 《迷人的白沟市场》，序第 3 页。

块宝地，纷纷来白沟投资建厂，至于个人投资的更是多如牛毛。（ZHQ，20170303）

白沟市场的繁荣也使白沟成为县财政收入的主要来源。1992年县财政收入3400万元，在全县23个乡镇里白沟财政收入302万元。因此，白沟不仅是当地政府的名片，也是地方政府的"聚宝盆"。

（二）政府主导建设箱包交易市场

1. 地方政府建设箱包交易大厅的动机

1992年，白沟镇政府通过向白四村支付集体土地使用权租金后，开始建设箱包交易大厅，当年底完成箱包交易大厅主体工程建设。白沟箱包交易市场仍未摆脱以街代市、以路代店的农村集市的模式，13里长的箱包市场，近万个摊位分布在村民房前屋后。

白沟政府兴建市场主要从以下几个方面考虑：一是原有的白沟旧街区街道已经达到饱和状态，不仅市场秩序难以维持，市场的卫生条件也渐差，且市场规模难以再扩大，交易的层级也不易提升。二是面对周边地区的竞争。临近的容城县看到白沟市场发展壮大，也开始提供各种优惠措施扶持市场发展。对地方政府而言，市场的发展，会带来地方的繁荣；地方繁荣，会带给地方丰厚的税收。有较多的税收，代表地方政府的能力越强、成就越高。地方政府的官员就比较有升迁的机会，或者在地方上，也会有较多可用的资源。三是上级政府的推动。此时的河北省和保定市把白沟当作发展市场经济的样板，积极引导白沟新建、改造、扩建各类市场，继续扩大市场影响力。

这一时期政府的介入与其说是有意识的产业引导，不如说是从经济利益和监管的角度出发。一方面，镇政府通过出租摊位获取财政收入，活跃地方经济；另一方面，将市场从镇区街道转移到镇政府控制的箱包城，使镇政府拥有对市场的税费征收和市场监管权。

地方政府在自身利益驱动下，有意打造专业市场空间。白沟箱包交易市场最开始是沿街形成。

最早是在"石桥坑",而后往东南延伸,很快挤满"花局子"之南北街、白辛庄南街等四条街道、九条胡同,绵延十余华里。街中间是铁管焊制的梯田式货架,高两米左右,挂满五颜六色、各式各样的箱包。上市箱包有 170 多个类别、4000 多个款式。市场内人山人海,拥挤不堪,如此延续十年之久。[①]

1993 年 5 月 1 日,箱包交易大厅正式兴建,1994 年 5 月 8 日正式招商运营,标志着白沟箱包沿街为市的历史的告终。

箱包交易大厅占地 35200 平方米,建筑面积 2 万平方米,设四正四侧八门,上下两层。顶部系玻璃钢瓦拱形结构,环厅棚式售货架 3150 米。一楼主营高档公文包、学生包、女式包、钱夹等,并设有 300 个精品屋。二楼经营各种衣箱和旅行箱。厅外南、北两侧设棚架摊位 6000 多个。[②]

当时白沟小商品市场出现黄赌毒和贩卖枪支活动,中央下令严厉打击,一时市场人气涣散。白沟箱包交易大厅建成时正值市场低迷期,因此,箱包交易大厅起初的招商并不顺利,市场空置了一段时间。直到 1995 年,政府通过有针对性的搬迁动员措施把商户导入交易大厅,市场形势有所好转,此后箱包交易大厅方取代白芙蓉市场成为聚焦人气的核心市场。随着箱包产业的发展,皮革原料、五金饰件和箱包辅料混合在一起的市场进一步分化,五金饰件专业市场和箱包辅料专业市场于 1996 年建成并投入使用。

2. 商户与居民对箱包交易"退街进厅"的反对

白沟镇政府完成箱包交易大厅的建设后,招商并不顺利,原来在旧街道经营

---

① 《白沟志略》,第 356 页。
② 《白沟志略》,第 357 页。

的商户对新建的交易大厅缺乏兴趣，导致交易大厅空置一年多。

商户与居民拒绝"退街进厅"的主要原因在于：一是商户不希望经营成本提高。商户考虑到进入新的箱包交易大厅，必然承受高于马路市场的租金成本，同时规范化管理后，税费也会增加，整体经营成本必定高于马路市场。二是商民对原有经营场所的路径依赖。商民已经习惯在原地点活动，比较自由，不希望到大厅后受到规范化管理。另外，商户已经与其他商家和客户形成了固定的网络，一旦位置迁移会破坏原来网络，导致业务下滑。三是商户对交易大厅发展前景缺乏信心。1993年和1994年白沟市场处于低谷，很多兴建的工业和商业项目也被迫停工，这必然影响到商户对白沟市场的信心。四是居民利益受损。原有的马路市场，街上居民将自家门前地搭设摊位出租给商户，可以获取一定的收益。一旦商户搬走，居民的收益将会消失。为留住商户，部分居民主动降低摊位费。另有部分居民以围攻镇政府办公楼的方式来表示对政府建交易大厅的反对。

3. 政府引导商户"退街进厅"

进入1995年，随着市场整治工作的顺利进展，地方政府把精力重新投入市场建设中来，首要解决的就是箱包市场的"退街进厅、退路进店"问题。政府为实现箱包交易的"退街进厅"，采取了以下措施。

一是重点做大商户工作，使他们意识到想要进一步发展，必须走品牌化、精品化路线，必须搬迁到交易大厅精品屋。随着越来越多大商户被说服并搬迁进厅，其他持观望态度的商户也开始搬迁。

二是耐心做居民的工作。按照当时仁和庄村党支部副书记LYM的说法：

老百姓不同意，但是通过村里边做工作，咱们说句什么话用发展眼光看，这是一个过程，虽然是一开始在你那里露天自然形成，政府是管理调控，这钱不可能是你一个人挣得，搬到大厅，政府要收一些费，用作财政支出和基础设施，不能光让你一个户一个村一个人受益。老百姓后来也接受了，不接受也没办法。（LYM，20170304）

实际上，居民确实也没有充足理由反对，因为他们所出租的摊位实际上是通过私人占有公共空间而获得。在政府的引导下，箱包交易商户从街道迁入交易大厅，结束了白沟箱包交易沿街成市的历史。

（三）村集体参与市场建设

白四村通过把集体土地使用权出租给政府，获得了土地资产资本化收益。同时，政府利用白四村集体土地建设市场、收取摊位租金也让村集体意识到围绕土地开展资本化运作可以获取更大收益。在资金匮乏的情况下，集体土地资源的资本化是乡村城市化的助推器。白四村集体于 1996 年与社会资本合作，以村街出土地、企业出资金的形式，投资 668 万元建设燕都商厦。

> 燕都那块地当时建的时候属于我们村集体与企业合作，我们出土地，当时定兴老金的企业出资金垫资建设燕都，他投资给他多少门脸，剩下的是白四卖，然后村里和开发商协议分一部分钱。其实跟现在的模式差不多。……谁要想要，提前交钱，盖好了给你房子。本村的有优惠，就是你拿着本村的户口本，买门脸便宜多少钱。我自己就买了三套，每套 15 万。当时把钱付给村里，村里给开票，村里负责找政府给办房产本。（YCW，20170425）

燕都市场早期以经营箱包为定位进行招商活动。由于当时箱包市场处于恢复发展阶段，市场需求整体处于饱和状态，燕都商厦经营箱包项目没有启动起来，导致商厦空置了三年时间。

> 我们当时想着是盖箱包城的二期，然后呢，当时主的箱包大厅还不充实呢，想再弄一个呢，也没人气。刚开始卖了不到两年箱包，结果没人。为什么没人啊？老城还卖不了呢，老城一层和二层都满不了，咱们那块儿毕竟规模小，也没起来。燕都就比较萧条了，待了几年，萎缩了，市场也兴不起来，然后中间空着

几年。（YCW，20170425）

本村经营箱包的大户 YCW（后来的村支书）看到商厦闲置，与村集体沟通后把项目的经营权承包过来，招镇区露天经营蔬菜和水果的商户入驻，逐渐把闲置资产盘活，形成了占地面积 2064 平方米、摊位 240 个的燕都海鲜蔬菜市场。

后来我去找老书记去了，我说这市场别老闲着了，每年不挣钱，还得雇两个人，还得维修啥的，一年得掏个十万八万的。我说这么着，承包给我得了，我给点儿钱，看着外边卖瓜卖菜的，就把他们轰进去了，收他们点儿钱，我交村里一些钱。这么着菜市场起来了。我一个人承包，再组织经营，刚开始承包费用是 15 万一年。（YCW，20170425）

白四村把老箱包交易大厅所占集体土地使用权出租给白沟镇政府，土地所有权仍然掌握在村集体手中。政府经营市场无论盈亏，都要按时交付租金，保障了农民的租金收入，避免了农民直接参与市场经济的风险。

（四）多类专业化市场形成

白芙蓉市场在 1985 年建成后，经过 1989 年第二代和 1996 年第三代大棚翻修，完善了市场基础设施，同时也分化出新的专业市场。1989 年针织和服装类从白芙蓉市场分离出去；1996 年，鞋帽专业市场从针织专业市场分离出来形成独立市场。

随着白沟商品流通的发达，1998 年建成了白沟联运市场，成为全国各类商品进出白沟的枢纽。至 2002 年，一个个市场经过改造、扩建、规范、提升，形成了白沟"十大市场"的格局。

表 3-6　2002 年白沟十大专业市场基本情况 [①]

市场名称	建筑面积（平方米）	摊店数（个）	日成交量（万元）	日客流量（人次）	从业人员（人）	上市品种（个）
白沟箱包交易城	20000	8002	960	49000	18000	1400
白沟鞋帽市场	20000	330	110	6000	500	150
白沟针织品市场	40000	1128	150	7000	1500	2900
白沟服装市场	22000	188	20	2000	500	400
白沟皮革市场	38000	170	120	10000	400	150
白沟五金配件市场	26000	118	50	10000	300	200
白沟白芙蓉小商品市场	40000	715	400	13000	1576	2138
白沟玩具市场	28000	369	40	6000	790	—
白沟箱包辅料市场	12500	500	35	3000	—	700
白沟联托运市场	50000	—	60	—	—	—

通过图 3-1 可以发现，90 年代中期市场逐步萧条。到 1996 年才开始恢复性增长。到 2002 年市场成交额达到 90.1 亿元，其中箱包交易额 41 亿元；摊位数达到 15000 个，其中箱包交易摊位数 8000 个；市场从业人数达到 25000 人；交易客流量在高峰期达到 10 万人左右。

[①]　根据孙世芳等著《白沟镇调查：商贸型小城镇可持续发展研究》（河北人民出版社，2009 年），整理。

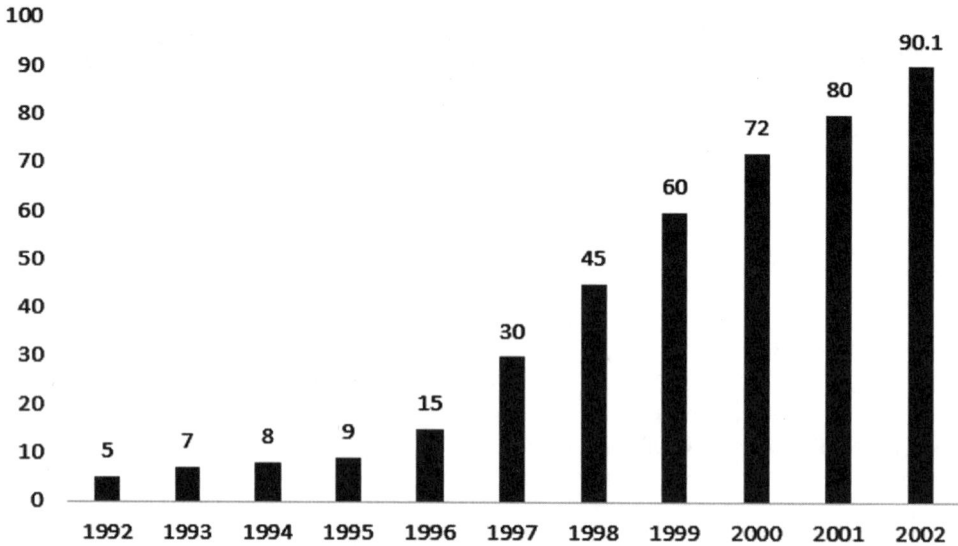

图 3-1　1992—2002 年白沟市场成交额情况（单位：亿元）①

　　由于白沟市场在这一阶段处于恢复性增长阶段，土地资产整体处于贬值阶段，很难吸引其他企业来白沟投资，地方政府无法像一些发达地区通过土地转让增加财政收入，更主要的收入来源依然是通过办市场获得。通过图 3-2 可以看出，随着 1995 年退街进厅的实施，从 1996 年开始，地方财政收入显著增加。

---

① 根据《白沟镇调查：商贸型小城镇可持续发展研究》和《白沟镇总体规划资料汇编》整理。

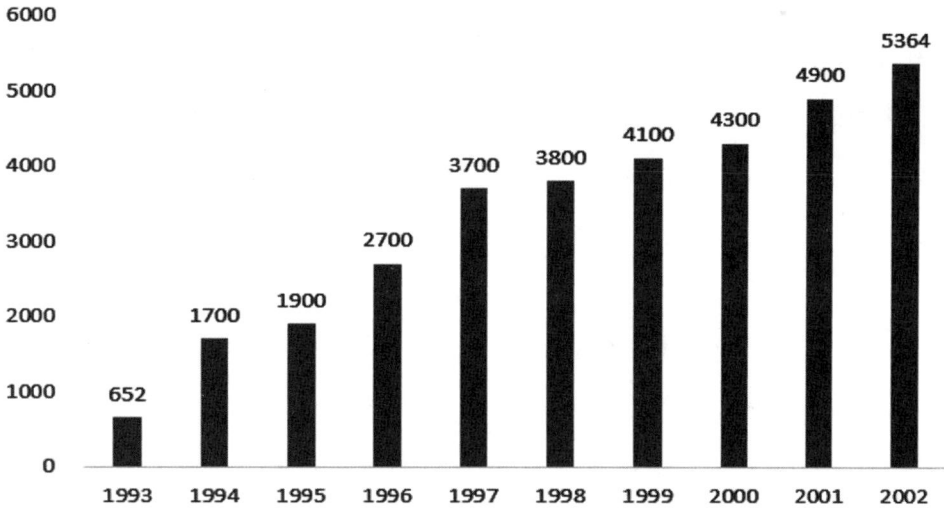

图 3-2　1993—2002 年白沟财政收入情况（单位：万元）[①]

　　2002 年，镇区十大市场的形成实现了商贸空间的聚集效应。这一阶段，土地尚未与住宅市场结合；由于开发区建设停滞不前，土地也未与大规模工业资本结合。这一阶段的市场除了箱包交易大厅外，其他都是传统沿街成市的市场，土地的资本化程度依然不高。

二、市场失序与政府强化管理

　　20 世纪 80 年代末，尽管白沟市场比较繁荣，但它毕竟还处在初级阶段，仍未摆脱以街代市的原始状况，少量的建设也仅限于交易大棚的简单形式，政府对市场更偏向于扶植发展，但缺乏对市场的整体统筹管理，这也导致了白沟市场的失序。

---

① 根据《白沟镇调查：商贸型小城镇可持续发展研究》和《白沟镇总体规划资料汇编》整理。

从产业发展来看,市场的发展潜力不仅依靠市场交易的规模,更需要市场秩序的良性运转。一旦市场整体秩序比较混乱,缺乏合理规则引导和秩序安排,很有可能出现诸如恶性竞争、假冒伪劣、价格欺诈等机会主义行为。白沟市场进入坐商时代后,白沟政府相关部门人员受编制限制,对迅速繁荣的市场缺乏有效的监管,在行政执法方面,对销售假冒伪劣商品等违法行为惩戒力度也不够。

另外,从白沟市场管理体制来看,白沟当时仍是多年一贯制的派出所、工商所、税务所的体制。派出所9名干警,要管10多万人的市场、18个村街,简直是杯水车薪。工商所共有14名干部职工,每天人均要管理2000个商店和摊位,根本无法实施有效的管理。(ZHQ,20170303)

对于地方政府来说,市场秩序日益成为一个不可忽视的系统性问题,已经严重影响到整个市场的运行,具体体现在摊位交错分布与整体规模效益的矛盾、市场规模过度扩张的短期利益与市场稳定发展的长期利益之间的矛盾等方面。随着市场失序,白沟市场欺行霸市、以次充好及打架斗殴等现象时有发生,对白沟市场的发展造成了严重的负面影响。

面对市场的混乱和无序,地方政府意识到必须要加强管理。新城县委召开常委扩大会议,认为提供宽松环境不等于不要市场管理,并做出了重点治理白沟市场的决定。1990年12月,县委、县政府开展了名为"疏浚白沟河"的活动,制定了《关于白沟市场社会治安综合管理实施方案》《关于发展白沟市场五年建设总体规划》,派出包括公安、工商、税务、宣传等部门参与的工作组进驻白沟,严厉打击欺行霸市、掺杂使假、偷税漏税等行动,并采取一系列措施,加强对市场秩序的综合治理。在整顿市场秩序的基础上,白沟镇党委、政府也制定了《关于加强白沟市场管理的八条规定》《文明经商公约》《商户职业道德守则》等规章制度,规范市场活动。县税务局和镇税务所出台了《市场征收管理办法》，从组织领导、征管范围、税收管理等方面作了明确规定，包括要求私营和个体商户必须建立账目和公开核定税收定额等。白沟市场失序导致的欺行霸市、以次充好及打架斗殴等现象得到了一定的整治，但由于管理理念和管理机制没有理顺，市场失序的现象并未杜绝。

"白沟现象"大讨论结束半年多，一些说到就开始出现。从白沟，从新城，从河北，悄悄扩散，很快传到北京，传到中南海。什么"白沟市场卖枪""卖黄色录影带""卖淫嫖娼""商品假冒伪劣"之类，一些这方面的"内参"很快摆到中央领导案头。中央领导对此重视，加以批示，本属常事。可是作为白沟市场所在地的白沟镇、新城县、保定地区、河北省，其各级党政领导同志，对此如不加以重视，那还了得！白沟市场"三分繁荣，七分脏乱差"，省委书记如此评价它，自然不会对其轻易放过。尤其是 1993 年 2 月 10 日《法制日报》关于白沟市场的一些问题曝光后，党和国家领导人江泽民、李鹏、丁关根、任建新等先后作出批示、指示，省委书记大为发火。于是，"白沟现象"整整三个月大讨论结束不久，河北省又来了个从 1993 年 3 月初到 6 月底对它进行为期四个月的治理整顿。

这一阶段，白沟市场一下跌入了低谷，整个市场人气涣散，市场规模萎缩，每天客流量由之前 15 万—20 万人减少为 6 万—7 万人。曾经出现的白沟"投资热"迅速冷却。1992 年引进的几个大的投资项目，如华北商业城、天津商品一条街、大来民族商城、七彩城等，都成了"半拉子"工程。

按照当时市场管理委员会负责人的说法，白沟处于"可怜"阶段：可怜的概念是讲投资商纷纷撤资了，出现了很多半拉子工程，很多烂尾工程，荒草满地，人去楼空。往日摩肩接踵、熙熙攘攘都不见了，没多少人来，包括天津一条街，包括香港投资的项目，都是半拉子工程。当时小商品市场非常荒凉、非常凄惨。

经过近 10 年打击、规范和治理，因为有商业底蕴，慢慢把箱包市场养起来了，箱包产业真正大发展是在政府规范市场之后。这 10 年，我们错过了最好的黄金时期。（ZHQ，20170303）

20 世纪 90 年代初，在白沟专业市场发展形势大好的背景下，白沟镇政府启动开发区建设，希望推动土地资产与大工业资本、商业资本的结合，带动地方经济发展。白沟的招商引资项目本来进展顺利，有很多投资项目已经落地。但随着白沟市场人气一落千丈，很多招商引资项目流产，很多建设项目成为烂尾楼。白沟政府通过引入规模工业企业带动地区工业化的策略被迫中断。按照白沟很多领导的说法，白沟错失了发展工业最好的时机。同时期的义乌虽然依然是以小商品业为核心，但通过"贸工联动"和"工商并举"的策略，商业资本向工业资本转化，小商品业实现供货的本地化和产供销一条龙化，实现了商业与工业的联动协同发展。白沟则错过了发展工业的大好时机。

三、地方政府对市场进行恢复型治理

白沟政府被迫重新反思自身的管理问题，进而转变市场发展策略，强化了对市场的整体治理。

市场经济是法制经济、信用经济，违反规律就会受到惩罚。即使一时繁荣起来，也会很快衰败，表面繁荣的背后潜伏着混乱、萧条和危机。严峻的现实教育了白沟人，白沟人痛定思痛，既坚信自己的视野，也不讳言自己的缺点，决心快速扭转"先繁荣，后管理"的思路，克服了存在的"一手硬，一手软"的毛病，确立了"治理与发展同步，文明与繁荣并举"的指导思想。……以重塑白沟形象为切入点，扎扎实实地发展了一系列的政治活动，引导市场朝着健康、有序、规范的方向发展。[①]

（一）理顺管理体制，推行制度化建设

当时的高碑店市委、市政府把白沟视为高碑店市的特区，特事特办，为加快白沟对外开放的步伐，颁发了《市政府关于促进白沟对外开放的若干政策措施》等文件，健全白沟党委、政府功能，深化行政体制改革。工商、技术、教育、卫生、防疫、环保等机构实行属地管理，人、财、物全部由白沟镇管理，并颁发了《市政府关于促进白沟对外开放的若干政策措施》等文件。箱包交易大厅启动后，政府实行"封闭管理"和"一税一费"制，杜绝市场乱收费现象。白沟镇政府成立市场管理委员会对专业市场进行统一管理。同时，为配合上级政府的综合治理，白沟成立市场综合治理办公室。在理顺管理体制基础上，制定、完善相关制度。

（二）强化城镇基础设施建设

面对市场低潮，白沟镇党委和政府于 1995 年提出"环境兴市、质量兴市"方针，通过"四个一"（一街、一厅、一市、一路）工程，推进白沟硬件基础设施升级。在城市基础设施建设上，提出"服务市场，严格规划，重点开发，留有余地，完善市政，填空补齐"原则，集中拆迁违章建筑，并模仿建设"张家港式的步行街"，把城镇主要街道建成两层以上的商业楼。在"街、厅、市、路"改造提升工程的同时，加强各专业市场的建设。

（三）严格执法，打击违规行为

白沟政府配合上级政府的治理行动，利用市场综合管理办公室，印发公告、

[①] 转引自王明辉：《白沟现象：中国北方农村市场兴起的社会学考察》，台湾稻香出版社，2003年，第 179 页。

张贴标语、发放宣传材料，广泛宣传治理的目的、意义、任务和要求，发动群众广泛参与、上下齐动、整体作战，协同打击市场失范行为。同时，加大社会秩序综合治理的工作力度，坚持"队伍不散，措施不减，发现得了，控制得住，露头就打，绝不手软"原则，针对假冒伪劣产品，政府出动工商分局和公安分局的工作人员，突击查封镇区上一切制造假冒标牌的作坊，确保市场正常经营秩序。

（四）实施品牌战略

针对白沟社会治安不好、产品假冒伪劣、城市脏乱差和经营环境混乱等负面现象，白沟政府提出"四创"战略①，强化自身品牌建设。

1995 年 5 月，白沟政府组织箱包户组建成白沟箱包集团总公司。总公司先后向国家工商行政管理局注册了白狗、玉兔、红都、仙客来等 30 多个商标，制定了产品质量标准，统一组织生产。

随着白沟市场交易量和市场人气的恢复，白沟镇政府通过一系列打造区域品牌活动推进市场发展，最终希望把"造市"与打造地方品牌结合起来，推进区域品牌建设，进而吸引外来工商业资本来白沟投资建厂。

为了扭转白沟假冒伪劣产品泛滥的负面形象，白沟镇政府以打假为重点加强市场经营秩序的综合治理，逐一对全镇上规模企业、个体加工企业、固定门店和个体经营摊位进行品牌登记，实行品牌准入，限制无品牌商品上市，并支持重点企业提升品牌形象，推广品牌影响力。意识到提高白沟产业知名度的重要性，政府通过一系列营销活动来吸引投资，重塑品牌形象。

在白沟专业市场完成升级的基础上，地方政府通过举办白沟（国际）箱包节来发展会展经济，带动专业市场繁荣和产业发展。首届箱包节于 1999 年 5 月在白沟镇召开，中央、省、市的相关领导受邀参加，还有来自美国、

---

① "四创"战略，即创名牌产品、名牌企业、知名产业、知名市场。

日本、韩国、澳大利亚、孟加拉国、捷克、泰国等地的客商、企业代表应邀参加。

白沟举办箱包节可以达成多个目标：一是全国性的行业大会有较高政治规格，可以乘机邀请到中央、省、市领导参加，提升上级政府对白沟箱包产业的重视度。同时媒体的竞相报道，有助于对白沟箱包产业的进一步宣传推广。二是为企业提供合作交流的平台。广邀国内外的皮革加工制造生产商、经销商参展，不仅为本地参展企业提供获取行业信息的管道，也有助于企业了解国内外皮革制品的现状与发展趋势。这一平台也有利于企业通过会展提供的信息管道和网络宣传企业的品牌，销售自己的产品。三是借助箱包节的机会进行招商引资。白沟政府在 1999 年重新规划工业园区，通过箱包节可以为园区引资，吸引企业投资建厂。四是借助这个行业大会，白沟镇政府可以利用上级财政资金改善地方基础设施，修公路，做绿化，达到美化镇区环境的效果。

白沟政府打造区域品牌的效果非常明显。到 2002 年第三届箱包节时，交易额达到 5 亿元，签约项目 28 个，项目总投资 8 亿元，引进外资项目 3 个，总投资 15180 万元，投资额度远超第一届箱包节。[①]

四、扶植工业发展

1992 年中央明确提出建立社会主义市场经济体制以后，在深圳等发达地区先行先试经验的带动下，各级地方政府纷纷通过招商引资发展地方经济。对于各地方政府来说，之前所形成的土地要素非集中化利用不利于地方政府统一提供公共产品和降低公共产品的生产成本，也不利于向投资者承诺优惠政策。到 20 世纪 90 年代，白沟小商品市场和箱包交易市场已经成为我国北方地区

---

① 参见《白沟志略》，第 408 页。

最大的集散基地，积累了一定的经济实力，在全国也有较高的知名度。但与此同时，全国乃至全球的小商品市场竞争日益激烈，利润更薄，出现了"一级批发市场产地化"的明显趋势，白沟需要强化市场优势，也要做大产业规模。从1992年开始，白沟政府开始把注意力转向工业。按照时任镇长LBS的说法：

> 整个白沟市场，发展到一定水平之后，有它本身的局限，因为这么多市场，这也发展，那也发展，总得有个基础支撑它们。于是白沟镇政府，就提出来围绕市场办工厂，办好工厂促市场。这是一种战略。[①]

白沟在早期的发展过程中，主要基础是商业，政府积极提倡和支持商业发展。在这一原则指引下，白沟专业市场得到发展，而政府对"工"的发展支持不足，这造成白沟商业经营环境比较优越，个体工业虽然比较发达，但规模工业发展却有很大欠缺。从事规模工业生产需要大量资本，也需要专业技术人员和管理人员，这对白沟的广大农民经营者是个挑战。

面对工业规模较小的局面，白沟政府开始寻求发展工业，一方面是向省里要政策，规划省级开发区，吸引外来规模企业进入；另一方面，强化对本地小商人的支持，发展商贸联动。

经过市场整治，白沟市场人气严重不足，这也导致白沟地区土地资产吸引力骤然下降，很多招商引资在建和拟建项目流产，白沟政府以地招商发展规模工业的策略被中断。但地方政府一直在创造条件推动规模企业的发展，希望鼓励和扶植本地有条件的商业资本开办规模较大企业。白沟政府只能通过引导一些有实力的商业资本投资工业领域进行累进式发展。另外，白沟镇政府组织成立白沟箱包集团有限责任公司，这是一个松散型的集团公司，有21家成员企

---

① 转引自刘世定《大市场与小厂商》（未刊稿）。

业，通过公司的经营运作实现箱包产业现代化、专业化生产和销售，引领全镇个体箱包业的发展。1999 年 9 月，箱包集团申请了自营出口权，集团成员厂商可直接出口，不用通过外贸公司，减少了环节，增加了利润。2000 年以前，白沟自我累进式的发展，基本处于小型、分散的发展阶段，形成的是小工业体系和"小厂商，大市场"的格局。

在北方地区，箱包制造和销售以河北白沟镇和辽宁海城南台镇两个地区为主，这两个地区在发展箱包产业过程中一直是直接竞争对手。2000 年以前，白沟市场比较有名，但白沟生产的箱包质量一直弱于海城南台，成本也较高。2001 年，南台地区产生市场信用危机，白沟政府抓时机把箱包加工、原材料生产、箱包销售等企业招商引资过来，提升了白沟箱包产业竞争力。

当时南台镇箱包市场发展很快，引起我们政府的重视，恰好南台那边打假，很多箱包企业出不了货，另外，南台开发商忽悠政府建立箱包城，结果强行迁入，而且价格很高，引起商户反感。我们捕捉到这些信息。我 81 年做生意的时候就和那边有联系，有些朋友在那边做生意，我亲自就去了。我跟他们说，你们来吧，来后，我给你安排厂房，给你三年免税，我是常务副镇长，我说到做到。结果有一部分人就过来了。之后，他们陆续都来了。确实，他们孩子入学问题、工商税务问题，我都给解决，厂房我也帮助解决。正好我弄工业园区，把他们都招进去。当时 300 多人厂子有 40、50 家，100 多人厂子 100 多家，50 多人厂了那就不用说了，有几百家。总共来了 2000 多户。这些东北人敢干，把白沟箱包档次和消费拉高一个档次。（SBJ，20170306）

2001 年地方政府的招商行动产生了积极效果，南台及其他地区厂商纷纷来白沟投资建厂，完善了白沟箱包产业链，推进了白沟箱包加工业的规模化发展，也提高了白沟箱包专业市场的影响力。

五、市场治理效果

（一）第二、三产业成为主导产业

随着白沟专业市场的发展，白沟农业衰落，以箱包加工为核心的第二产业和以专业市场商贸为核心的第三产业兴起。从图3-3可以看出第一产业所占比例由1991年的35.36%下降到2002年的8.85%，专业市场为代表的商贸业由15.86%上升到41.17%。

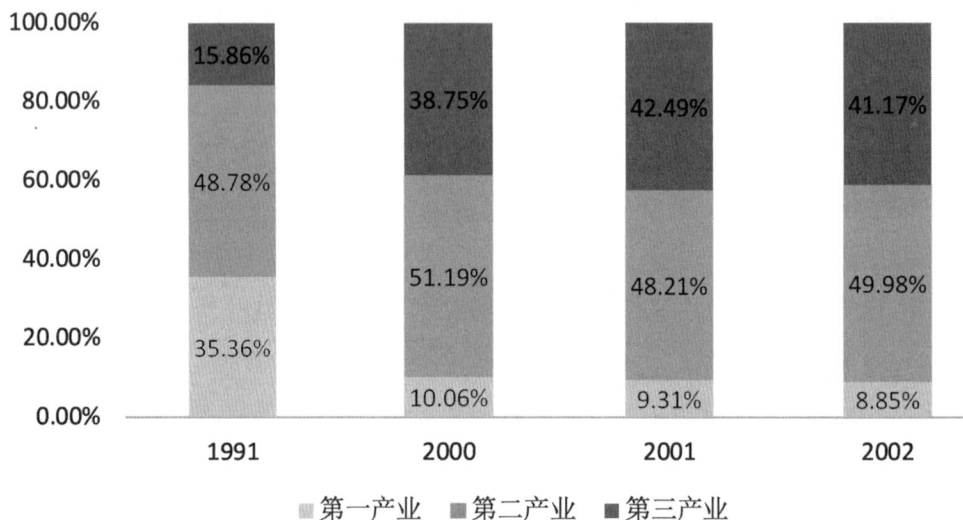

图3-3　白沟镇产业构成情况 [1]

（二）居民从市场经营中获利

随着白沟市场发展，白沟当地几乎家家户户做包，市场上的许多摊位都是白沟本地人租用的。这些农户除了耕种少量的土地获得食物同时完成国家的粮食征购任务之外，主要从事箱包制造。随着白沟市场的发展，白沟地区人均收

---

[1]　根据《白沟镇调查：商贸型小城镇可持续发展研究》和《白沟镇总体规划（修编）》（2007—2020）整理。

入也不断增长，从图 3-4 可以看出人均收入由 1993 年的 1108 元增长到 2002 年的 5580 元。一部分加工户采取家庭内部生产与销售分工，主要收入来源于生产环节。随着市场发展，为了扩大生产规模，白沟本地加工户也开始雇用外地工人，利用自有房屋作为"厂房"进行生产活动。

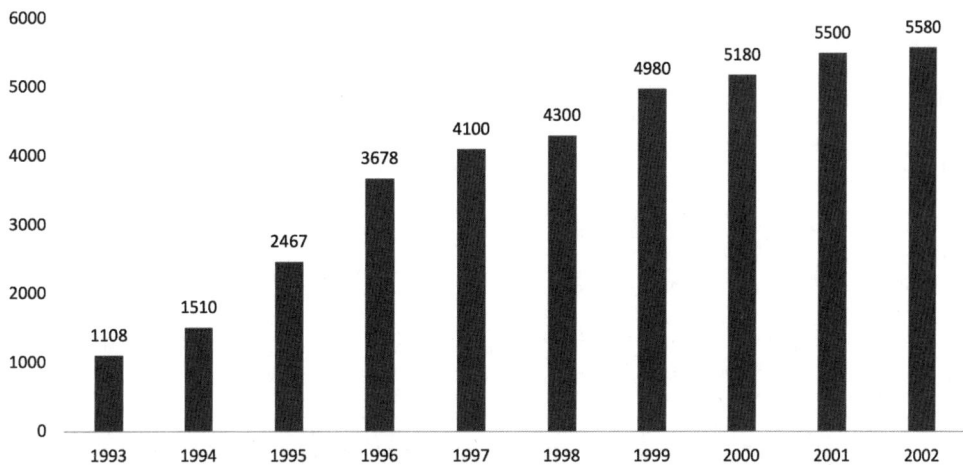

图 3-4　1993—2002 年白沟农民人均收入变化情况（单位：元）①

以魏庄村为例，1995 年的外来工有 300 多人，平均每个加工户 2—3 人。他们来自河南、山东、四川等省。加工户们对于雇与不雇、雇多少人，随市场行情的变化而加以调整。②

对于本地人来说，当时雇工成本较低，是白沟生产环节最好赚钱的一段时间。高桥村的 DSF 回忆：

雇个工人才 200 块钱。97 年香港回归那年，那时候生意好做啊，一天就能

---

①　根据《白沟镇调查：商贸型小城镇可持续发展研究》和《白沟镇总体规划（修编）》（2007—2020）整理。
②　转引自刘世定《大市场与小厂商》。

净入五六百块钱。雇个工人300，你现在3000都雇不到啊。那些年这买卖是真好啊！97年到01年、02年主要是危机，苯中毒影响很大的。那时候工人就不好雇了。招人也不好招，都说有毒。而且招到人一个月就1000多了。（DSF，20170305）

随着市场繁荣，外来人口逐步进入。到2002年，白沟地区外来常住人口32362人，占白沟总人口的43%。[①] 箱包生产工艺并不复杂，外地人打工一段时间掌握相关技术后，有的就在白沟租房开个小厂。按照辘轳把村WMM的说法：

在白沟来了二百多外来户，都是雇了十几个人，他们只求数量，不求质量，利润相当低，质量差。（他们是）今年干，明年就可能不干了，好赖能卖得出去就行。[②]

一般来说，这些工厂就在白沟当地农民盖的出租屋内，没有营业执照，工厂、宿舍一体。随着外来人口不断流入白沟，外地人租用村民住宅居住或作为厂房的情况逐渐增加。对于村民而言，这些被出租的住宅成为获取收入的重要来源，这意味着这些被出租的住宅变成了一种在市场上获利的资产。早期赚了钱的农民，纷纷把资本投入盖房，既可以自住，也可以扩大生产，还可以用于出租。从现实的角度讲，在城市化过程中，农民建房子可以作为货币保值的手段，进而期望在城镇化过程中获得更多补偿途径。

这一阶段，随着白沟箱包市场化程度提高，箱包销售和生产环节产生初步的利益分化。一些生产和销售大户通过积累逐步完成了工业和商业资本的积累，进而扩大生产和经营规模，成为市场和产业的主导力量。

---

① 资料来源：《白沟镇总体规划（修编）》（2007—2020）。
② 转引自刘世定《大市场与小厂商》。

第三节

小结

1992 年以后，随着中央政府支持市场经济发展的态度明朗化，义乌和白沟的专业市场交易空间得到了升级，市场交易进入了空前繁荣阶段。但由于对市场缺乏系统的监管，义乌和白沟的市场秩序一度混乱，出现过假冒伪劣、强买强卖等违规现象。

面对市场失序状态，义乌地方政府通过一系列举措优化市场交易秩序，通过实施贸工联动战略，推动资金、人力、土地等要素资源的优化利用，形成了独特的产业竞争优势；通过"管办分离"，以政府控股公司运营专业市场，有助于专业市场运营效率的提高，同时掌握市场建设的主导权，为市场交易秩序的稳定提供了稳定的、透明的、可预期的制度环境和体制框架；通过在专业市场实施划行规市，建立了明确的价格透明机制，改善了市场经营秩序；通过规范市场摊位的准入、租赁或转让，确保了市场整体经营效率；通过进一步完善小商品经营的信用体系，推动了义乌小商品城和产品的品牌化建设；通过行业协会、商会等社会力量共同参与市场治理，提升了市场治理效率和效果。义乌政府的市场治理使产业结构得到优化，工业和商业成为主导产业，城市化进程得以加快。

市场失序所造成的消极影响使得白沟市场一片萧条，导致原有的招商项目停工，对地方经济产生了严重的负面影响。面对市场危机，白沟地方政府对市场进行全面治理，在打击违法犯罪活动的基础上，通过管理体系优化、基础设施建设等策略确保市场秩序的恢复和人气回升。另外，新修建箱包交易大厅改变原有的马路市场格局，实现了交易场所和配套基础设施的升级，有利于对市场交易活动进行集中管理，同时便于以直接征收的方式获得管理费和租金。随着市场秩序恢复和人气回升，白沟政府通过品牌化举措使白沟重新获得国内外客商的关注，市场重新进入繁荣阶段。同时，白沟政府积极扶植地方箱包产业发展，形成"小厂商，大市场"的格局。白沟的政府治理推动了第二、三产业成为主导产业，一些生产和销售大户逐步完成了工业和商业资本的积累，进而扩大生产和经营规模，成为市场和产业的主导力量。

第 4 章

市场转型升级与
政府服务型治理

2001 年加入世界贸易组织后，我国开始了更深层次、更宽领域的对外开放和经济体制改革，进一步理顺政府与市场的关系。2002 年，党的十六大提出要完善社会主义市场经济体制，在更大程度上发挥市场在国家宏观调控下对资源配置起基础性作用。2003 年，党的十六届三中全会对完善社会主义市场经济体制作出了全面部署，提出要更大程度地发挥市场在资源配置中的基础性作用，并强调切实把政府经济管理职能转到主要为市场主体服务和创造良好发展环境上来。[①] 2007 年，党的十七大提出，为了促进国民经济又好又快发展，要"从制度上更好发挥市场在资源配置中的基础性作用，形成有利于科学发展的宏观调控体系"。[②] 党的十八大提出在"更大程度更广范围发挥市场在资源配置中的基础性作用，完善开放型经济体系"[③]。从这一系列政策文件可以看出，我国越来越重视市场在资源配置中的作用，强调让市场在资源配置中发挥基础性作用，减少政府对市场的干预。党的十八大以来，以习近平同志为核心的党中央坚持全面深化改革，创新经济治理方式，创造性地提出推进完善社会主义市场经济体制的重要思想。2013 年，十八届三中全会指出，全面深化改革的"核心问题

---

① 《中共中央关于完善社会主义市场经济体制若干问题的决定》，《人民日报》2003 年 10 月 22 日。
② 《高举中国特色社会主义伟大旗帜，为夺取全面建设小康社会新胜利而奋斗》，《人民日报》2007 年 10 月 25 日。
③ 《坚定不移沿着中国特色社会主义道路前进，为全面建成小康社会而奋斗》，《人民日报》2012 年 11 月 9 日。

是处理好政府和市场的关系，使市场在资源配置中起决定性作用和更好发挥政府作用"①。从"基础性作用"到"决定性作用"，虽然只有两个字之差，但对市场作用是一个全新的定位。这是我们党对中国特色社会主义建设规律认识的一个新突破，是马克思主义中国化的一个新的成果，标志着社会主义市场经济发展进入了一个新阶段。这意味着，政府和市场将各就其位，政府与市场的关系不再是替代关系、主次关系，而是"努力形成市场作用和政府作用有机统一、相互补充、相互协调、相互促进的格局，推动经济社会持续健康发展"②。处理好政府与市场关系，就是要遵循市场经济的一般规律，要发挥市场的决定性作用，但"不能盲目绝对讲市场起决定性作用，而是既要使市场在配置资源中起决定性作用，又要更好发挥政府作用"③。党的十九大进一步明确提出"着力构建市场机制有效、微观主体有活力、宏观调控有度的经济体制"④。这一表述为新时代政府与市场关系指明了方向，也为如何将有为政府和有效市场有机结合给出了答案，是对中国特色社会主义建设规律的新贡献和新突破。

习近平新时代中国特色社会主义思想关于政府和市场关系的论述深化了我们党对社会主义市场经济规律的认识，丰富发展了马克思主义政治经济学关于市场经济的理论，为社会主义市场经济的健康发展提供了理论依据、明确了基本路径。随着中国经济从高速增长阶段进入高质量发展阶段，在构建新发展格局、建设现代化经济体系方面，也必须要处理好政府和市场关系，推动有效市场和有为政府更好结合。习近平总书记指出，"建设现代化经济体系是我国发展的战略目标，也是转变经济发展方式、优化经济结构、转换经济增长动力的迫

---

① 《中共中央关于全面深化改革若干重大问题的决定》，人民出版社，2013 年，第 5 页。
② 《正确发挥市场作用和政府作用，推动经济社会持续健康发展》，《人民日报》2014 年 5 月 28 日。
③ 中共中央文献研究室编：《习近平关于社会主义经济建设论述摘编》，中央文献出版社，2017 年，第 57—59 页。
④ 《决胜全面建成小康社会 夺取新时代中国特色社会主义伟大胜利》，《人民日报》2017 年 10 月 19 日。

切要求"①。现代化经济体系包括创新引领、协同发展的产业体系，统一开放、竞争有序的市场体系，体现效率、促进公平的收入分配体系，协调联动的城乡区域发展体系，资源节约、环境友好的绿色发展体系，多元平衡、安全高效的全面开放体系。

在建立中国特色社会主义现代化经济体系过程中，国家进一步改革流通体制，统筹推进现代流通体系建设，为构建新发展格局提供有力支撑。2020 年 9 月 9 日，习近平总书记主持召开中央财经委员会第八次会议，研究畅通国民经济循环和现代流通体系建设问题，提出现代流通体系建设要求。习近平强调要统筹推进现代流通体系建设，为构建新发展格局提供有力支撑。

在这一阶段，义乌和白沟地方政府在国家相关政策指引下，充分发挥政府的规划引导作用，通过地方制度创新进一步放权给市场，打造服务型政府，激发市场主体活力，推动了市场的转型升级与产业升级。

---

① 习近平：《习近平谈治国理政》（第三卷），外文出版社，2020 年，第 240 页。

第一节

义乌政府对市场秩序的系统规制

一、义乌市场的转型升级

（一）第五代小商品市场为核心的专业市场集群

中国加入 WTO 后，全球性市场为义乌市场和产业发展提供了新的发展机遇。随着市场竞争由国内市场转向全球市场，义乌小商品市场走上了国际化的发展道路。为顺应国际化发展需要，义乌政府以中国小商品城集团为建设主体，规划建设了第五代专业市场 —— 中国义乌国际商贸城。

2002 年 10 月，中国义乌国际商贸城一区市场投入使用，并于当月 22 日正式营业，建筑面积 34 万平方米，商位 8000 个，主体市场 5 个交易区，是国内最大的饰品、工艺、玩具、花类集散中心。[1] 市场内设中央空调、自动扶梯、网络等设施，使得义乌小商品市场开始进入现代化、信息化、国际化的新阶段。商贸城以政府投资为主，社会融资为辅。2004 年 10 月，建筑面积 60 万平方米、拥有 8000 余个商位的国际商贸城二区市场建成，集聚箱包、雨具、五金、小家电、钟表、电子 6 大行业，使义乌小商品市场的硬件设施、规模、交易方式、服务体系等实现了大跨越。[2]2005 年 9 月，国际商贸城三区建成开业，营业面积 46 万平方米，营业商位 6000 个，汇集文化用品、体育用品、化妆洗涤用品、

---

[1] 《义乌市志》（第二册），第 561 页。

[2] 《义乌市志》（第二册），第 562 页。

眼镜、服装辅料 5 大行业。[①]到 2004 年，义乌小商品市场的市场外向度、国际吸引力和辐射力不断提升，入境外商达 79552 人。2008 年，常驻义乌的外国商人增至 10000 余名，沃尔玛、麦德龙等 20 多家跨国零售企业和国内 30 多家知名连锁超市常年在义乌市场采购商品。出口重心逐渐从第三世界国家向发达国家转移，美国成为义乌小商品第一出口国。义乌国际商贸城成为中国重要的小商品出口基地和采购中心。

2008 年 10 月，国际商贸城四区竣工开业，设商位 16000 余个、停车位 8000 余个，集聚日用百货、文胸内衣、围巾、手套、帽子、毛巾、鞋类、线带、皮带、袜类、领带、毛线、花边等 10 多个行业，是当时国内科技含量最高、国际化水平最高的商品批发交易市场，全国规模最大的单体建筑。[②]2011 年 5 月，国际商贸城五区投入使用，建筑面积 64 万平方米，设商位 7000 余个，主营进口商品、床上用品、纺织品、针织原材料、汽车用品及配件等产品。同年，新篁园服装市场也投入使用。义乌小商品市场已经演化为现代化商场式市场，完全能够满足一般商户"展示 + 贸易"的需求。

作为义乌市和商城集团的又一创新举措，生产资料市场建设是义乌城市品质提升和小商品市场转型升级的重要载体。2013 年 11 月，义乌国际生产材料市场投入使用，建筑面积 75 万平方米，分类布局原辅材料、成套机械装备、零部件等生产资料，有利于推进小商品产业链向上游拓展，拉长市场产业链，扩大产品覆盖面，形成了小商品市场与生产资料联动发展的良好格局，进一步增强义乌市场集聚功能。

---

① 《义乌市志》（第二册），第 562 页。
② 《义乌市志》（第二册），第 562 页。

表 4-1　义乌小商品城市场基本情况 [①]

	国际商贸城一区	国际商贸城二区	国际商贸城三区	国际商贸城四区	国际商贸城五区	篁园服装市场	国际生产资料市场
投入使用时间	2002 年 10 月	2004 年 10 月	2005 年 9 月	2008 年 10 月	2011 年 5 月	2011 年 5 月	2013 年 11 月
建筑面积（万平方米）	34	60	46	108	64	42	75
商位（个）	8000	8000 余	6000	16000 余	7000 余	5000	4000

与此同时，义乌加快建设第六代市场。第六代市场以新型进口市场和国际商贸城六区市场为核心标志，占地约 587 亩，总建筑面积 132 万平方米，具备展示与服务功能，是市场转型升级"场景形态"的系统集成，对国际商贸城创新发展、助力义乌成为世界"小商品之都"具有重要意义。

截至 2021 年底，义乌小商品城营业面积 640 余万平方米，商位 75000 个，从业人员 21 万多，日均客流量 21 万人次，经营 26 个大类、210 多万个单品，实现一站式采购，市场成交额一直稳居全国专业市场前列，先发优势明显。[②] 与全球 230 多个国家和地区有贸易往来，服务带动 210 万家中小微企业发展、3200 万名人员就业。义乌小商品市场被联合国、世界银行与摩根士丹利等权威机构评为"全球最大的小商品批发市场"，围绕市场形成巨大的商流、物流、资金流、信息流等资源优势。2021 年虽然受到疫情影响，义乌国际商贸城日均开门率仍达到 93%，商位出租率保持在 98% 以上。

义乌围绕着国际小商品城形成了包含多类专业市场、专业街、生资料市场等实体及线上市场，形成了线上线下市场相结合的专业市场群。义乌市场已形

---

① 相关数据根据义乌政府网站公开数据整理。

② 杜羽丰、何贤君：《义乌市场建设 40 周年：从马路市场到国际商贸城》，《浙江日报》2022 年 9 月 6 日。

成覆盖全国 28 个省份 287 家二级市场的全方位、立体式、多层级的蛛网式市场网络；国内物流通达全国 1500 多个县级以上城市，是全国最大的零担货物配载中心，成为浙江省乃至长三角地区重要的电商物流通道；国际物流辐射全球 220 多个国家和地区，构建起了联通全球 700 多个城市的国际货运物流网络。[①]

（二）市场的国际化、规范化、数字化水平不断提升

自 1998 年起，陆续有外国企业和外商经营户入驻义乌建立采购点。在实施国际商贸名城战略后，义乌小商品市场积极融入全球化进程，不断拓展市场的国际化水平。作为世界小商品之都，义乌的商品出口到世界 230 多个国家和地区，市场外向度达到 65% 以上。长期以来，义乌小商品市场都是外国客商最集中的采购基地之一。新冠肺炎疫情前，每年到义乌采购的外商超过 56 万人次，居浙江省首位。义乌市场正从"买全国货、卖全国货"向"买全球货、卖全球货"转变。义乌还成为全国首批拥有出国审批、邀请外国人员来华审批、外国人在华就业许可、出国组展等权限的县级市，开通了全国县级市首个航空口岸。义乌市从 20 世纪 90 年代初开始，便尝试着进行市场理念、市场模式、市场人才的对外输出，"义乌商圈"的国际化拓展步伐也不断加快。义乌小商品市场在泰国、阿联酋、南非、俄罗斯等 10 多个国家和地区设有境外分市场或配送中心。

义乌小商品市场的上述扩张，既有在政府主导下的战略布局，也有一些是义乌企业家借义乌市场的品牌和资金优势而进行的自主扩张。这些市场的经营骨干大多为义乌商人，经营的商品也大多来自义乌，而市场的经营管理模式在很大程度上也复制于义乌小商品市场。

义乌小商品市场的标准体系建设不断强化。自 2006 年 10 月 22 日开始，"义

---

① 《义乌模式在大考中开新局》，中央纪委 国家监委网站，2021 年 12 月 19 日。

乌·中国小商品指数"①（以下简称义乌指数）面向全球发布。作为义乌市场发展史上具有里程碑意义的大事，义乌指数进一步巩固和提升了义乌小商品行情对全球小商品市场的影响力，增强了义乌市场对全球小商品定价的话语权，成为全球小商品生产贸易行情变动的"风向标"和"晴雨表"。此外，义乌还编制发布全国首个"市场信用指数"和《小商品分类与代码》行业标准，从而使全球小商品有了"义乌分类法"，义乌市场实现了由单纯输出商品向综合输出商品、信息、规则的重大转变，为中国日用消费品进入国际主流市场开辟了更为广阔的空间。

2020 年 10 月，依托义乌近 8 万家实体商铺资源，义乌建成全场景数字化贸易综合服务平台——"义乌小商品城"。作为义乌市场官方网站，平台服务产业链上游 210 万家中小微企业，以贸易数据整合为核心驱动，对接供需双方在生产制造、展示交易、仓储物流、金融信贷、市场管理等环节的需求，实现市场资源有效、精准配对，构建真实、开放、融合的数字化贸易综合服务平台。

（三）专业市场和产业集群相互带动的发展格局

20 世纪 80 年代初，义乌小商品市场的本地产业支撑非常薄弱。随着多年的商业资本积累，义乌一些商户开始创办家庭小商品工业。从 90 年代中期开始，在政府"工贸联动"战略的支持下，义乌小商品制造向个性化、精品化、品牌化方向发展，从价格竞争转向质量、技术、品牌、标准等综合性竞争，推动从小商品向大制造转变，义乌工业进入规模化发展阶段，一批规模化知名企业开始涌现。依托政府引导和市场机制的作用，义乌形成了商贸业带动工业、工业支持商贸业，双向互动、互相支持的格局，从而形成了"小商品、大世界，小

---

① 由小商品价格指数、景气指数和监测指标指数三部分 23 个分项指标构成，各项指数均以 2006 年 7 月为基期。价格指数和分项指标指数基点为 100，景气指数基点为 1000。该指数由商务部编制发布，每天由义乌商城集团安排工作人员采样，通过模型计算分析，然后得出相应的指数依据。小商品价格指数每周发布一次，小商品市场景气指数每月发布一次。

企业、大集群，小产业、大市场"发展势头，使义乌从小商品集散地向全国乃至全球小商品贸易流通中心、生产制造中心、研发设计中心等方向发展。

围绕着规模化小商品市场，义乌形成了 20 多个特色鲜明、创新能力强、具有世界影响力的小商品制造业产业集群①，并带动浙江省内其他地区协同发展。通过分享全国性销售网络和地域专业化生产两种集聚效应，推进工业规模扩张和产业升级，义乌构建起与小商品市场紧密联动的工业体系。

随着义乌电商产业带动商贸产业升级，推动物流、直播等产业形态形成规模产业化聚合，同时摄影、代运营、创意、推广、培训、第三方仓储等产业不断出现，义乌形成全产业链的新经济形态。2020 年，义乌电子商务交易额达到 3125 亿元，在 10 年时间里实现 12 倍的增长，连续七年位于全国电子商务百佳县榜首。经工商登记注册的义乌电商主体累计 28 万户，新增 9.24 万户，同比增长 28.51%；电商账户数超过 31 万，内贸网商密度居全国第一，外贸网商密度全国第二。同时，义乌还构建"小镇—园区—村"三级电商发展载体，建成电商园区 35 个，培育了 197 个年销售额 1000 万元以上的电商专业村，成为全国最大的电商村集群。②集聚创意设计、网拍摄影等电商上下游企业 4000 多家，协会、商圈 20 余个，网络直播方兴未艾。2021 年义乌开展网红直播带货 24 万场，零售额 324.93 亿元，同比增长 56.2%。③

义乌市场发展的同时，推动制造业产业转型升级，加快推动服装服饰、袜业、饰品、纺织、拉链、化妆品、工艺品、日用品、印刷包装等小商品制造业数字化转型升级。聚焦信息光电、新能源汽车及零部件、高端芯片及智能终端、医疗健康四大新兴产业培育，加速打造推进光伏产业链布局。2021 年规模以上

---

① 其中国家级产业基地八个：中国合成革工贸基地、中国袜业名城、CBC 全国化妆品产业基地、中国拉链产业基地、中国制笔工贸基地、中国无缝针织服饰名城、中国工艺品工贸基地、中国商品包装印刷产业基地。
② 《"党建+电商"让义乌农村经济"活"起来》，中国义乌网，2022 年 6 月 16 日。
③ 吴峰宇：《2021 年义乌开展网红直播带货 24 万场》，《义乌商报》2022 年 1 月 21 日。

工业增加值达到 269.7 亿元，同比增长 47.4%，在全省 90 个县（市、区）中排名第一。义乌光电产业生态初现雏形，引育上市公司 13 家、国家高新技术企业 15 家、省重特大产业项目 20 个，12 个产业链重大项目投入生产。

二、科学谋划，把握市场发展战略方向

在市场发展的过程中，义乌政府结合市场发展的外部环境变化，对市场发展战略作出调整，发挥"有为政府"的作用，实施有利于市场发展的政策，优化支撑市场发展的要素资源配置，推动专业市场与地方产业结构转型升级。

（一）实施建设国际性商贸城市战略

进入 21 世纪，义乌地方政府持续坚持"兴商建市"发展战略，结合内外部环境变化，不断丰富和发展"兴商建市"的内涵，促进义乌市场的转型升级、持续繁荣，实现区域经济社会全面快速发展。随着义乌国际商贸城的建设与运行，义乌面临着拓展市场的压力和国内其他同类专业市场竞争压力。这就要求义乌建立更完善的城市发展体系来适应市场国际化的发展需要。按照 2002 年到任市委书记楼国华的说法：

当时全国市场的竞争异常激烈，各地拷贝义乌模式的市场越来越多。而义乌已经形成了大进大出、两头在外的开放型经济。因此，上任后摆在我面前的第一个考题就是，义乌如何从世界市场的角度重新审视发展方向和城市功能定位。[1]

为了使义乌更具国际性的辐射力、影响力、控制力，在经过大量调查研究的基础上，2002 年 10 月，义乌市委、市政府提出建设国际性商贸城市的战略，

---

[1]　张静、黄平：《市委书记谈做法：把握市场发展的规律》，《经济日报》2006 年 7 月 15 日。

确定了"推进经济国际化、城市现代化、城乡一体化、社会文明化、领导科学化"的工作重点。在推进经济国际化方面，义乌于 2002 年出台《关于鼓励出口和拓展国际市场的若干政策意见》，在出口奖励、出口退税专项贷款贴息、鼓励企业出国参展、支持出口企业到境外注册商标、鼓励出口企业到境外设立分支机构、加大信贷支持力度等方面给予了相应的优惠扶持政策。在推进城市化方面，高起点规划城市，高质量建设城市，加快航空、物流等城市基础设施建设，在户籍制度、土地制度、投融资体制等方面，大力推进市场化取向改革，建立市场化的城市化发展机制。随着城区建设在市场带动下迅速扩张，功能日益完善，城乡之间差距越来越大，迫切需要推动城乡一体化发展。2003 年 7 月，义乌市委市政府开始实施《义乌市城乡一体化行动纲要》，按照"四个区、三步走、二十年、一体化"要求，大力推进城乡一体化规划与实施。

（二）实施"电商换市"战略

随着网络经济的兴起，义乌经济发展面临着数字化转型升级的压力。为了更好支持电子商务发展，义乌 2013 年实施"电商换市"战略。

多年来，义乌政府始终以"全国网商集聚中心""全球网货营销中心""打造电子商务之都"为目标，将电子商务定位为战略性、先导性产业进行培育，打造线上网络和线下实体融为一体的市场，并把线下实体市场的边界从国际商贸城扩展到义乌全市域，分别从思想动员和统一、人才培养、电商园区打造、政策制度建构四个方面打造电子商务发展的环境，以此来培育和推进义乌电子商务的发展。

2013 年，义乌市在浙江率先成立电子商务工作领导小组。同时，设立义乌市电商办作为配套工作机构，将商务局电子商务相关职能划入电商办，全面保障义乌市电子商务产业发展。顶层设计方面，义乌市突出规划引领：以完善电子商务生态建设为基础，以"互联网+"技术创新为重点，以电子商务政策措施为突破口，引导电子商务产业高质量发展，全面提升电子商务在价值链中的位置，形成电子商务发展的"义乌经验"，义乌成为全国电子商务发展的标杆地区。政策扶持方面，义乌市强调"有点有面"：2013—2017 年相继出台多项扶持政策，2018 年出台《关于促进商贸业高质量发展的若干意见（试行）》，引导和推动电商高质量发展。依托义乌产业集群和专业市场优势，推动实施"百村电商工程"，打造"一村一品""一村一特色"等农村电商模式，释放义乌电商村创新创业活力。

（三）深入实施创新驱动发展战略

随着义乌自身经济的发展，义乌传统产业为主的经济结构存在着依赖低端产业、依赖低成本劳动力、依赖传统商业模式和依赖低小散企业等方面问题，面临着要素短缺、环境承载力制约和低成本竞争优势下降等发展瓶颈制约。党的十八大以来，习近平总书记多次对义乌工作作出重要指示批示，并为义乌定位世界小商品之都[①]。国务院部委和浙江省委省政府、金华市委市政府都大力支持义乌改革发展。为了完成习近平总书记赋予义乌建设世界小商品之都的历史使命，破解规模工业发展滞缓和资源要素制约的双重压力，义乌的产业发展体系和城乡建设迫切需要取得新的突破，以适应新时代科技革命和产业发展、变革趋势。针对这一背景，义乌市委市政府推行了坚持商贸和工业"双轮驱动"的创新驱动发展战略。

义乌的创新驱动发展战略具体发展措施持续不断：一是推动小商品制造业做精做优。通过政策引导和鼓励中小企业提高创新能力和核心竞争力，培育小商品制造领域"专精特新"中小企业。推动小商品制造品牌建设，联动实施品牌、质量、标准、专利战略，培育更多高质量小商品品牌。二是积极培育、发展战略新兴产业。聚焦光电制造和新能源汽车产业，实施招大引强、有效投资招商策略，引进龙头企业，积极构建新兴产业全产业链生态。三是强化创新要素供

---

① 李韶辉：《世界"小商品之都"何以商通全球》，《中国改革报》2021 年 8 月 23 日。

给。通过实施老旧工业区改造、盘活闲置用地，确保重大项目建设用地；引入复旦大学、浙江大学等国内高校科研机构、重点实验室等优质科教资源，推动产学研协同创新；通过完善人才引进机制和服务保障机制，集聚各类专家、高技能人才、专业技术人才；引导更多社会资本参与创业创新，加快形成多元化创新投入体系。

明确了发展重点，义乌地方政府积极推动相关战略落地。2016 年，义乌瞄准了当时市场需求旺盛、资本密集、技术密集、专利壁垒高的光电技术产业，集成原工业园区和科创新区重要产业及科技人才资源，成立了义乌信息光电高新技术产业园区，迅速启动招商引资，引入龙头企业项目落地，并最快速度推进项目建设和生产。晶科能源、爱旭太阳能、晶澳科技等企业项目均实现"当年签约、当年落地、当年开工、当年投产"。这一系列手段推动义乌经济向形态更高级、结构更合理、质量效应更好的方向发展。

三、持续强化市场信用体系建设

（一）编制义乌市场信用指数

义乌市场信用指数[①]（Yiwu Market Credit Index，YMCI），由义乌市市场监督管理局（义乌市市场经济监督管理研究中心）和北京大学中国信用研究中心共同研发编制，自 2007 年 9 月运行以来，较好地反映和预警了义乌市场信用的发展变化，已成为指引义乌市场主体走向诚信经营的"风向标"，是监督市场信用情况变化的"晴雨表"。

市场信用指数的编制与发布不仅能及时反映整个义乌市场的信用状况变化，还可以为政府决策提供支持，有利于加强市场分类监管指导，有效地增强和提

[①] 经过多轮优化，指数体系由商品质量指数、企业履责指数、市场活跃指数、市场开放指数、市场满意度指数与风险可控指数六大类构成。

升义乌市场信用和竞争力。例如，其中的商品质量分类指数就可以改善市场内商品信息的分布状况，有利于市场主体较全面地掌握和利用市场信息。义乌信用指数也可供国内外与义乌小商品市场有直接、间接联系的商户或其他人参考。

（二）建立"互联网 +"的信用监管体系

市场经济的发展，离不开信用体系的建设。义乌市场监管部门从制度、机制方面规范市场主体的运行，推进市场主体的诚信经营、文明经商。

从 2000 年起，义乌市场监管部门率先开展信用监管的探索和实践。在微观层面，对专业市场的经营商户建立起一套信用监管评价体系，将市场所有经营商户的原生性信息、再生信息、发生性信息和有关部门的奖惩信息、经营户自行申报的信息等录入系统，建立一个全面的信用信息经济户口数据库，在全国率先实施数据较为全面、功能较为完善、模型较为科学的市场信用分类监管平台。依托平台信用数据，监管部门对商户实施不同频次、不同力度的分类监管。在信用良好的商位中综合评选出一星至五星信用星级商位公开挂牌，建立激励机制，对有损市场声誉的不诚信经营予以曝光。与此同时，对"信用商位""知名商号""著名商标""消费者信得过单位"评选设定信用等级门槛标准，激发商户诚信经营。2008 年、2011 年、2014 年，国家工商总局三次在义乌召开全国性会议，义乌市场信用分类监管成为全国样板。2017 年，商务部、国家工商总局、国家质检总局等 9 部门联合发文，向全国推广义乌小商品城市场主体信用分类监管机制经验。

（三）强化商户与产品的市场准入

义乌政府掌握了市场摊位的物业产权，在招商工作中建立了将税收指标作为市场摊位分配依据的"市场税收准入机制"，使得市场可以筛选信用更好的商户，也有利于增强商户自觉纳税、主动配合的意识，确保诚信经营。

义乌工商管理部门以中国小商品城个体户培训学校为依托，与公安、税务等部门联合以电视教学和书面考试的形式组织商户准入培训，考试合格者发给准入合格证和进场交易证。在产品准入方面，从 2003 年开始，中国小商品城全方位实施备案登记销售、备证销售核查、仓储登记备案三项登记备案制度，由市场管理办公室会同小商品城工商行政管理分局对经营户的经营类别、仓库地址或经营户的厂名、厂址等事项予以详细备案，并要求经营户如实书面记录每次进货的有关情况，将大部分非法和伪劣商品拒于市场门外。之后，中国小商品城又把经营户登记台账记录的范围从进货领域扩大到销售领域，要求经营户在记录商品来源的同时，详细记录商品的去向和客户的通信号码等内容。一旦发生事故，有关部门就可以立即跟踪调查，追回伪劣商品，最大限度地消除影响；对追回的不合格商品，则予以销毁。

（四）强化对知识产权的保护

进入 21 世纪以后，随着义乌市场整体知名度的提升和市场主体做大做强，义乌地方政府日益重视市场品牌建设和知识产权保护，以此带动整个市场产品质量、信用水平的提升。

一直以来，义乌以小商品、高质量、大品牌建设为目标，通过推进保护知识产权、打击假冒伪劣、品牌建设、实施引牌工程等一系列"打扶并重"措施，积极引导企业和市场经营户"走正道、售正货、树正牌"。

义乌还加强政府、企业、协会三方联动，积极构筑群防群治的知识产权保护网络组织，通过紧密联系有 130 余家会员单位的义乌市保护名牌产品联合会，推行重点本土企业知识产权保护"直通车"制度，专人专企衔接本土重点企业知识产权保护工作，及时收集侵害本土企业知识产权案件线索，实现共管共担，实现知识产权"强保护"，不断优化市场秩序。联合会自 1995 年成立以来，会员企业会同市场监管、公安、海关等部门，共查处各类侵权案件 10918 起，涉案金额达 2 亿多元，有力震慑了制售假冒伪劣和侵权商品的不法行为。2021 年初，中国义乌小商品城成功入选国家级知识产权保护规范化市场名单。

义乌非常重视"中国小商品城"整体知识产权的保护。全国各地冠名"义乌"的小商品市场超过 100 个，但这些市场良莠不齐，一些市场经营档次低、管理混乱，严重影响了义乌小商品的形象。为此，2010 年初，义乌开始着力推动"中国小商品城"争创中国驰名商标，从法律层面对"义乌市场"开展知识产权保护。义乌商标品牌综合实力已连续多年位居全国县级市第二位、浙江省第一位。上线"义乌好货"，通过"义乌好货"母品牌赋能优质小商品品牌，形成"义乌中国小商品城"统一品牌，"义乌制造"市场影响力逐年提升。

四、强化市场服务职能，多主体协同治理

多年来，义乌地方政府坚持按照市场运行规则办事，通过制定制度，深化政府职能改革，为市场提供优质服务，依法维护平等竞争的市场环境，形成有利于资金、土地、人才等要素资源合理配置的机制。进入 21 世纪以后，义乌地方政府主要职责转变为为市场做好服务，通过发挥市场、社会等多方力量对专业市场进行治理。

（一）公共财政体制改革

财政收支制度极大地影响着政府职能的界定，并且是政府职能转变的重要内在推力。通过改革公共财政体制，调整和规范财政收支安排，促使政府向有限型政府、公共服务型政府转变，是推进行政管理体制改革的有效途径。

义乌市从 2000 年开始，率先在国内进行彻底的综合财政预算管理改革，以收支两条线为突破口，建立了"一个笼子管收入，一个口子管支出，一个盘子编预算，财政监督全过程"的财政运行体制。具体是所有政府性收入进"笼子"，实行预算内、外收入统管；所有政府性支出进"盘子"，由财政部门按预算规定统一拨付。全面实行综合财政预算管理，即所有收入不分预算内外，均为政府财政性资金，全额纳入收入预算管理，由市财政统筹安排；所有支出预

算以综合预算收入为基础，按照单位在编人员履行职责、事业发展的需要，综合可用财力综合编审。①综合财政预算改革，较好地解决了一些部门因利益驱动，乱收费、自行设"小金库"等问题，推进了行政管理体制改革的进程，也为义乌小商品市场和特色制造业发展提供了相对宽松的外部环境。

（二）强化公共服务职能，营造良好营商环境

2003 年开始，在浙江省委书记习近平的领导下，浙江开始明确服务型政府定位，并要求各地政府将政府职能转换到"经济调节、市场监管、社会管理、公共服务"上来，为企业发展创造良好的营商环境。十八大以后，浙江省委省政府推行具有先行性的"四张清单一张网""最多跑一次"等改革，增加公共产品有效供给，降低企业运营成本，形成持续推进"放管服"改革的"浙江样本"，为高质量发展奠定了良好的体制机制环境。

义乌市委市政府在省委省政府相关政策指引下，积极推动地方政府制度创新，为市场主体创业创新营造更加宽松便利的环境。例如，义乌于 2013 年 5 月在浙江省率先启动商事登记制度改革。按照效率优先、惠民便民、宽进严管的原则，"先照后证、筹建登记""放宽住所、一址多照""注册资本认缴制""局所登记一体化"等多项改革政策落地，重点在商事登记、投资审批、外贸主体快速登记等领域实现新突破，着力打造以宽进严管为鲜明特色的县域商事登记"义乌模式"，建立与国际通行规则相适应的商事登记制度体系。近些年，义乌政府强化数字化、智能化等创新要素与实体市场的相融，强化建设数字化基础设施，构建数字化服务、数字化监管体系，为市场主体营造高效、便利的营商环境。

经营好城市，为社会提供更多的公共产品，是义乌市政府转变职能后一项重要工作。在转变政府职能过程中，凡涉及市场发展的重要资源，政府牢牢把握在手中。正如之前的市领导吴蔚荣所说：

---

① 丛明：《打造"义乌模式"体制基础的有益尝试》，《中国财政》2006 年第 4 期。

该由市场调配的，政府绝对不多管，坚决退出微观经济运行领域；但该由政府提供的公共服务，都牢牢把住，做好服务。[①]

小商品城集团是政府对市场统一规划，进而牢牢把握市场发展主导权的重要载体。小商品城集团于 2002 年在上海证券交易所挂牌上市。公司上市后，通过市场化融资，为市场扩建筹措了大量资金。小商品城集团的上市发展提升了义乌中国小商品城的品牌价值，而且极大地推动了义乌小商品市场的蓬勃发展，加速了其国际化、专业化和多元化的产业发展进程，使其迅速成为世界采购市场最为重要的商品集散地，业务扩展到包括欧美等贸易壁垒及技术要求苛刻的全球多个国家。

（三）坚持"放水养鱼"的支持政策

义乌当地企业以外贸出口、小型加工、劳动密集型企业为主，且大多数纳税人为个体工商户。义乌市委、市政府进一步从"以人为本"的角度出发，紧紧抓住"市场主体的培育"这一根本，长期坚持"放水养鱼"政策，大力支持和鼓励群众创业致富。

从 2011 年底开始，义乌对月销售额低于 2 万元的经营户免征营业税；年销售额低于 80 万元的经营户，认定为小规模纳税人。以 2016 年相关纳税数据为例，全市共有个体工商户 122599 户，达到全部纳税人的 70%，其中属于定额管理的个体纳税人 82633 户，起征点以下的占 50% 左右。定额管理的纳税人月均税费约 4000 万，年创造税收收入约 4 亿，仅占税收总收入的 6%。批发零售业作为义乌市管户占比最高的行业，仅贡献当年税收收入的 9.34%；相对而言，重点税源企业仅有 834 户，贡献了全市 62.73% 的税收。[②]

[①]　转引自万润龙、蒋萍、郑蔚、吴越：《有所不为有所为》，《文汇报》2008 年 1 月 6 日。
[②]　黄谦：《公共管理视角下义乌市税收征管体系优化研究》，西北大学 2018 年硕士论文，第 32 页。

针对外部环境对市场的冲击，义乌政府充分发挥自身能动性，积极主动采取帮扶措施引导企业应对危机。例如在 2008 年金融危机爆发后，义乌对市场开展了帮扶行动：发布《关于公布暂停征收 115 项行政事业性收费项目的通知》；开展商位抵押贷款行动，提供贷款 1.24 万笔共计 50.3 亿元；提供应急资金转贷帮扶企业，为 106 家企业提供还贷周转金 353 笔、37.8 亿元，有效规避企业资金断裂风险；鼓励和支持小企业贷款，设立小企业贷款风险补偿金；引导企业组成网络联贷担保体，帮助企业拓宽融资渠道。[1]

（四）多主体参与市场协同治理

义乌作为全球最大的小商品市场，市场交易异常活跃，商事纠纷特别是涉外纠纷时有发生，如何解决市场纠纷、保护市场主体权益是迫切需要解决的现实问题。

为了高效率、低成本化解各类商贸纠纷，义乌市政府相关部门通过制度创新引入多主体协同治理机制。为了持续推动诉讼源治理，义乌法院设立义乌商贸纠纷诉调对接云平台，对相关案件进行异地、跨国全流程在线调解，确立"人民调解 + 商事调解 + 司法确认"工作机制。在线调处案件，无须司法确认的，直接撤诉处理，不再进入法院诉讼程序。在调解过程中，平台整合法院、公安、市场监管、司法等多部门资源，遴选商城集团、律协、阿里巴巴集团人民调解委员会等组织调解员，实现联动作战、资源重组、一体化化解、数据共享，努力重塑多元化解的数字化新模式。平台于 2020 年 7 月 30 日上线后，截至 2021 年底，已累计受理线上线下调解案件 6075 件，调解完结 4544 件，调解成功 3352 件，调解成功率 73.77%。[2]

另外，为了解决小商品市场交易存在的跨国贸易纠纷问题，义乌政府建立

---

[1] 宁香君：《"电商换市"——义乌小商品市场转型研究》，上海大学 2018 年硕士论文，第 36 页。
[2] 龚书弘：《"市场纠纷不出市场"：义乌法院打造商贸纠纷基层治理新范式》，中国义乌网，2021 年 12 月 17 日。

涉外纠纷人民调解委员会，并且聘请外商作为调解员。由于不同国家间的文化和商业规制存在差异，外商调解员更了解母国的文化和商业规则，在外商对外商的调解过程中，能产生更强信任感，有利于增加调解成功的概率。以 2016 年为例，涉外纠纷人民调解委员会总共调解涉外纠纷 294 起，调解成功率 96.7%，涉案金额高达 4691.37 万元，为中外客商挽回经济损失 2576.68 万元。[①]

近年来，义乌小商品城集团通过做实"党建 + 单元"三级作战单元[②]，推动市场治理变革。利用市场经营者相对固定的特性，将部分骨干从管理对象转变为疫情防控、综合治理等方面的基础力量，尤其是群体中的党团员作为网格内的先锋模范。1912 个三级作战单元全部为市场经营户，党员经营户占 85% 以上。通过"线上一座塔、线下全网格"的模式，将单体市场作为一个有机整体，以楼层为单位布网规划，分成一定数量、相对独立的局部"细胞"结构。在市场服务方面，提供需求受理、政策问询、纠纷处置、法律援助、金融帮扶、代跑代办等服务，形成"收集—分拨—处置—反馈"闭环机制，有力保障了市场稳定和商位使用权租赁双方的利益。

五、在转型机遇期争取政策支持，不断先行先试

（一）强县扩权释放经济发展活力

改革开放后，义乌从自身实际出发，尊重人民群众的首创精神，积极探索具有自身特色的县域经济社会发展模式，形成了关于改革开放和社会主义现代化建设的宝贵经验，引起了省内外的广泛关注。2006 年，在浙江省委书记习近平的批示下，浙江省委、省政府发布了《关于学习推广义乌发展经验的通知》，

---

① 温美珍：《国际小商品贸易中的信用体系建设：义乌的实践》，《文化纵横》2019 年第 6 期。

② "一级作战单元"以所在市场公司班子、市场支部书记等为主体；"二级作战单元"（区块长）由管理 200—300 户的区块管理员组成；"三级作战单元"（网格长）以经营户骨干为主要力量，每人管理约 30 户。

明确提出义乌人民创造的发展经验是全面建设小康社会的成功经验，是推动经济社会发展逐步走上科学发展轨道的创新经验，是浙江人民创造的"浙江经验"的生动体现和有机组成部分。这为义乌的扩权改革打下了重要的政治基础。

与此同时，随着义乌小商品市场不断繁荣，义乌经济社会发展达到了新的高度，而原有的县级行政管理体制对发展形成了制约。例如土地规划、重大投资项目都需要经过金华市政府审核，从申报到获得批准需要经过多个报批环节，严重影响行政效率。另外，经济社会管理权限和力量明显不足，也影响了政府职能的全面履行。为了释放义乌经济发展活力，浙江省委、省政府于 2006 年 11 月 14 日发布了《关于开展扩大义乌市经济社会管理权限改革试点工作的若干意见》，将义乌作为浙江省第四轮强县扩权改革的唯一试点城市，明确规定除规划管理、重要资源配置、重大社会事务管理等经济社会管理事项外，赋予义乌市与其他设区市同等的经济社会管理权限。此次扩权改革试点，共为义乌市下放了 131 项经济社会管理权限。扩权试点后的义乌，政府的行政效率显著提高，大幅度降低了企业的时间成本和经营成本，经济活力得到了进一步的释放。

（二）通过国际贸易综合改革试点、自贸区等政策先行先试

随着市场发展，义乌小商品市场在交易规模和效率方面都获得了质的飞跃。然而义乌作为专业市场的先行者和开拓者，也遇到了来自方方面面的挑战。其中，既包括来自贸易管理体制方面的挑战，也包括新兴市场业态的挑战，还包括自身贸易发展模式的局限。

2011 年起，义乌先后获批国际贸易综合改革试点、国内贸易流通体制改革试点、自由贸易试验区等国家级试点，在内外贸易体制改革方面获得先行先试的机会。例如自国际贸易综合改革试点获批以来，义乌在国际贸易重点领域、环节取得一系列改革突破，出台了 200 余项贸易和金融便利化举措，形成了 700 余项创新案例，特别是在商品报关、人民币境外结算、发展非金融机构支付业务等方面成绩显著，14 项重要制度创新成果在全国复制推广，市场采

购贸易方式[①]这一符合小商品特征的贸易便利化体制机制成为全国外贸稳增长重要举措，两次被写入国务院政府工作报告，四次发文在全国试点推广。2019年 11 月，浙江省人大常委会正式通过《义乌国际贸易综合改革试验区条例》，将义乌的改革成果以立法的形式固定下来。

义乌创新市场转型机制，增强了"买全球、卖全球"集聚辐射力，线上线下融合步伐加快。2021 年，义乌实现电子商务交易额 3715.05 亿元，同比增长18.9%。其中电子商务内贸交易额 2701.48 亿元，同比增长 19.9%；跨境电子商务交易额 1013.57 亿元，同比增长 16.4%。[②]

六、市场治理效果

兴商战略的持续深化、建设国际商贸名城及"电商换市"等战略的实施，使义乌专业市场的活力得到充分释放，义乌小商品市场的全球中心地位得以确立，成为连接国际大循环的商贸节点。义乌小商品市场的规模连年增加，并连续 30 年位居专业市场成交额第一名。

义乌市场主体数量呈现爆发式增长态势，由 2010 年的 15.3 万户，到 2022年 2 月 23 日突破 80 万户，位居全省县级市第一，超过金华市的一半，浙江省的近十分之一。义乌常驻外商采购人数由 2002 年的 2900 人增加到最近几年的15000 人；义乌市常驻境外企业代表处由 2002 年的 345 家增加到近几年的 3000家以上。2021 年，外资主体总数达到 8196 户。义乌外贸出口总额由 2002 年的4.07 亿美元增加到 2021 年的 3659.12 亿元，其中对"一带一路"沿线国家和地区合计 1600 多亿元。2021 年义乌实现电子商务交易额 3715 亿元，其中跨境电

---

① 市场采购贸易方式，海关监管代码为 1039，因此又称 1039 模式，指的是拥有经营资格的单位在受国家商务主管等部门认定的市场集聚区内采购的、单票报关商品货值 15 万（含）美元以下、在海关指定口岸办理出口报关手续的一种贸易方式。该交易方式具有实行免税政策、准入门槛低、通关便利化、跨境结算灵活等诸多优势。

② 义乌市统计局：《2021 年义乌市国民经济和社会发展统计公报》。

商交易额 1013 亿元。2005 年，义乌小商品市场被联合国、世界银行、摩根士丹利联合发布的报告确认为全球最大的小商品市场。

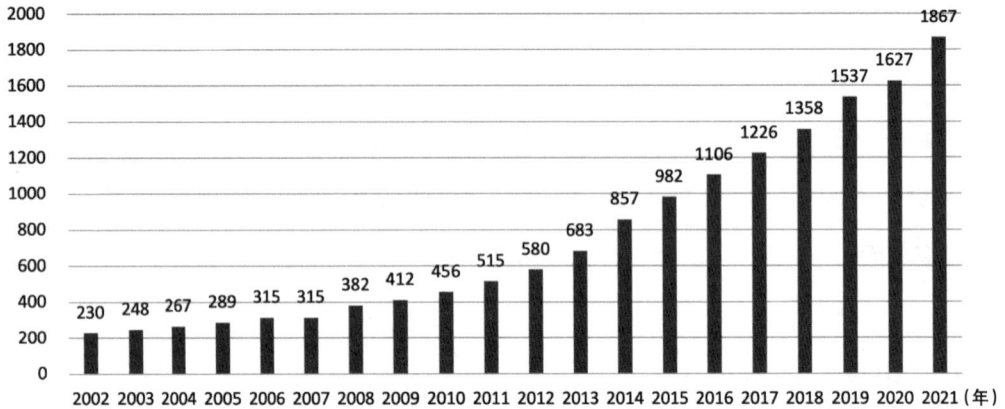

图 4-1 2002—2021 年义乌小商品市场成交额（单位：亿元）

在产业方面，义乌产业结构不断优化，进入高质量发展阶段。义乌三大产业结构由 2001 年的 5.3∶50.8∶43.9 调整为 2021 年的 1.4∶32∶66.6。第三产业持续发展，所占比例已经接近不少省会城市。同时，义乌工业结构不断优化，原有的小规模企业为主体的劳动密集型低端制造业正向以大企业为主体的技术密集型高端制造业转型。义乌规上工业企业产值由 2002 年的 82.6 亿元增加到 2021 年的 1163.7 亿元，2021 年同比增长 47.4%，在浙江全省 90 个县（市、区）中排名第一。与此同时，随着义乌"无中生有"打造光电和新能源汽车等产业，2021 年规模以上数字经济核心产业制造业、高新技术产业、装备制造业、战略性新兴产业增加值分别较 2020 年增长 161.3%、71.9%、123.7% 和 107.2%，增速分别高于规上工业 113.9%、24.5%、76.3% 和 59.8%，占规上工业的比重分别为 47.6%、75.9%、53.8% 和 60.8%，比重分别较 2019 年提高 28%、24.4%、36.8% 和 31.9%。[①]

---

① 相关数据根据义乌市统计局发布的 2019—2021 年义乌市国民经济和社会发展统计公报整理。

2003 年开始，义乌全面推进"千万工程建设"，并同步实施城乡一体化行动。2008 年，义乌被列为浙江省统筹城乡综合配套改革试点；2014 年，义乌被列入全国 62 个第一批国家新型城镇化综合试点地区。在不断的改革实践中，义乌建立了一套城乡一体化的政策制度。义乌在加快推进城镇化的进程中，依托市场国际化与产业集群化，通过工商带动农业和城市联结农村的策略，积极推动农业产业化，推动了村居向社区、农民向市民的转变，形成了以人为核心的城乡融合、产城融合的城镇化。义乌城市建成区面积由 2002 年的 38 平方公里扩大到 2021 年的 111.11 平方公里，城区人口由 2001 年的 43 万人增加到 2021 年的 148.14 万人。义乌城镇化水平升至 80.1%，高于浙江省 72.7% 的平均水平。[①] 根据第七次全国人口普查公报，义乌常住人口中，外来人口 88.02 万，占比达 47.34%，大大高于浙江省外来人口占比 25% 的水平。义乌常住人口 2010 年 123.40 万，2021 年 185.94 万，增加了 62.54 万，是浙江人口净流入最多的县市。2019 年以来义乌获评浙江省美丽乡村示范县和美丽城镇建设市。

2002 年，义乌地区生产总值 38.03 亿元，2021 年猛增到 1730.16 亿元。义乌地区生产总值增速基本上一直高于浙江省增速（见图 4-2）。

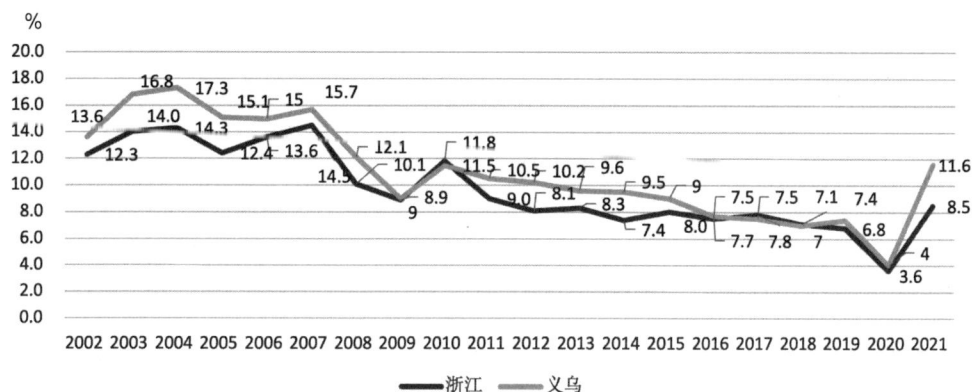

图 4-2　义乌与浙江地区生产总值增速对比

①　相关数据根据义乌市统计局发布的 2001—2021 年义乌市国民经济和社会发展统计公报整理。

义乌 2021 年的常住居民人均可支配收入 77468 元。义乌在增收方面遥遥领先。这个数字不仅超过了浙江居民人均可支配收入 57541 元一大截，更是远超全国平均值。即使和大城市相比，也超过了北京（75002 元）和深圳（70847元），仅略低于上海，堪称全国最富裕的城市之一。义乌被评为最具幸福感县级市。

第二节

白沟政府对市场秩序的全面治理

一、市场危机与政府市场治理

（一）积极化解"苯中毒"事件的负面影响

随着白沟工商业发展，原有以家庭工业为基础的小农经济模式弊端日益凸显，白沟出现了非法经营、偷税漏税、使用童工、无视劳动保护、劳动用工不规范等方面问题。2002 年，白沟农民工"苯中毒"事件[①]把存在的问题全部暴露出来，使得白沟市场和箱包产业再次面临严重的信任危机和发展危机，几乎陷入停滞状态。市场的停滞和混乱不但限制了白沟地方经济的发展，同时也造成了客流量骤减、市场封闭至濒临崩溃边缘的后果。

面对"苯中毒"事件带来的危机，白沟政府积极配合各级领导的相关指示，按照检查小组所要求的时间，对白沟箱包生产户的生产、生活环境采取镇干部包村到户的方法进行过程监督，完成了箱包生产企业的整改工作，避免了市场闭市的潜在伤害，也有效遏制了箱包生产企业和市场商户的恐慌情绪。箱包整改不仅遏制了短期内"苯中毒"类似事件的再发生，同时推动企业建立了一套

---

① 2002 年初，在白沟镇箱包生产加工企业打工的几名外地务工者，陆续出现了中毒症状。经专家诊断鉴定，共发现 25 名苯中毒人员，其中 5 人死亡。事件调查表明，白沟地区企业生产条件简陋，没有职业卫生防护和安全生产措施，用人单位未与劳动者签订劳动合同或未告知存在的职业病危害因素，甚至使用不符合国家标准的高毒原料生产胶粘剂。时任国务院总理朱镕基、副总理李岚清作了重要批示，要求对白沟箱包加工业进行系统整治，同时在全国范围内开展有毒有害化学品生产、销售和使用的专项整治。

规范生产经营、利于市场持续发展的监管机制。"苯中毒"事件说明市场自身已不具备自我调节的能力，市场主体的短视行为可能导致市场陷入失序状态，必须由政府采取必要和有效的措施来引导市场有序发展。政府的"箱包整改"工作，将白沟的箱包产业从崩溃边缘挽救回来，进而推动本地箱包企业进入规模化生产、规范化管理阶段，为白沟箱包产业可持续发展和专业市场的再次繁荣奠定了坚实基础。

（二）对市场进行合理整治

在解决"苯中毒"事件危机后，白沟政府直面市场专业化程度低、市场秩序混乱、产品档次低等问题，采取多种措施整顿和规范市场秩序，确保市场的运行效率和质量。

首先，政府加强制度完善、政策落实，强化工商户产品质量意识、品牌意识。例如对白沟所有规模企业、个体加工户、固定门店、经营摊位逐一采取了产品品牌登记，要求所有企业和商户坚决不生产、不购进、不销售无品牌和假冒伪劣产品，对名牌商品予以政策支持和大力宣传，形成对品牌经营的强力推动之势。其次，通过法律手段、经济手段和必要的行政手段打击工商户违约、造假等不诚信现象。再次，通过对市场的治理和对各市场、各商城的安全检查，确保物流的畅通和市场安全，创造一个安全的购物环境和经营环境。最后，通过对品牌经营进行监管，在积极引入名牌带动市场的同时，着力打造本地产品品牌，提高本地产品的质量和市场的知名度，遏制假冒伪劣商品充斥市场的现象。

白沟政府对专业市场的系统整治措施使市场交易秩序得到恢复，市场的经营效率不断提升，箱包专业市场逐渐走出"苯中毒"事件负面影响，重新进入繁荣状态。

（三）优化市场管理模式

2002 年"苯中毒"事件发生后，为了更好地引导市场有序发展，白沟政府借鉴义乌等其他先进专业市场管理经验，摸索、总结出一套适合自身市场特点的市场管理模式，即实行统一规划、统一管理、统一服务、统一收费、统一协调的"五统一"模式。

统一规划就是在城镇中心位置按照行业分类统筹建设各大商城，减少重复建设和盲目投资产生的资源浪费；同时在具体商城划行规市，建设专业化商品交易区域，通过商品聚集，确保价格透明。统一管理，指白沟政府成立市场管理委员会，通过专业化管理团队对商户实行统一管理，对出现的问题统一解决，提高对市场的管理效率、对商户的服务能力。统一服务，指政府履行服务市场的职能，不断完善土地、资金等要素资源的保障，为市场交易提供公正、可预期的制度环境和体制框架。统一收费，指对市场经营者实行数费合一的"一站式"收费，避免政府乱收费、乱摊派的现象，使得市场能够低成本运作。统一协调，指政府设立管理委员会，协调处理企业、商户在生产经营中的纠纷、顾客投诉等问题。统一协调缓解了人际冲突，在维护合理市场秩序的前提下实现了市场的低社会成本运作。"五统一"管理模式实质是用政府有效管理行为来完善市场内部已经弱化的调节机制。这一管理模式同时也降低了以往政府多头管理体制下的管理盲点和机构间的摩擦成本，确保市场经营环境的优化，使得商户真正受益。

二、明确发展战略，实施经营城市方略

（一）明确整体战略，构建服务型政府

白沟政府在治理危机的过程中，不断反思市场和产业存在的问题，逐步形成了市场发展的新战略构想，确定了"商业化—工业化—城市化—国际化"的战略发展框架。

2003 年，白沟政府提出了"以商立镇，工业强镇"的发展思路。在商业化方面，持续打造特色商城，同时积极打造特色物流中心为特色专业市场发展提

供支撑。在工业化方面，发挥本地劳动资源、土地资源等方面优势，推动产业从小聚集向大集群，从无序生产向标准化、规模化生产转变，不断扩大工业园区建设，工业园区规模从 2002 年的 100 亩发展到现在将近 5000 亩。在城市化方面，运用全国小城镇发展改革试点镇、全国小城镇建设示范镇和中国可持续发展小城镇试点的政策优势，把城镇改革与村街改革结合，城市建设与村街改造结合，小城镇建设与发展乡镇企业、加快农业产业化进程结合，持续统筹推进城乡一体化。在国际化方面，利用市场采购贸易方式试点政策机遇，通过展会、培训、资金支持等方式，积极推动白沟扩大对外贸易。

白沟政府在地方市场治理过程中，退出具体的经营领域，大力开展公共服务型政府建设，积极转变政府职能，将职能重点集中在制定规划、改善投资环境和依法维护公平竞争的秩序上。通过财政投入改善基础设施，加强法律监管保护市场主体的合法权益和公平竞争，增强白沟经济发展的内在动力与活力。

（二）以土地为核心经营城市

1. 经营城市的背景因素

兴办乡镇企业获取利润、获取土地出让金和租金、收取市场摊位租金，曾是乡镇政府自筹财政收入的主要来源。[①] 分税制改革后，地方政府从"经营企业"转向"经营城市"，土地出让成为地方政府的生财之道。[②] 与沿海发达地区或者集体乡镇企业发达的地区情况不太一样，白沟地区一直未能发展起规模化乡镇企业，在 1993 年以前财政收入一直较低，1995 年以后，通过政府建市场获得了一定财政收入。上一章分析了白沟在 1994—1999 年这段时间土地资本化程度较低，也很难通过出让或出租土地获益。因此，在 2002 年以前，白沟政府经营土

---

① 刘世定：《乡镇财政收入结构和运作机制》，《中国乡镇组织变迁研究》，第 131 页。
② 曹正汉、史晋川、宋华盛：《为增长而控制——中国的地区竞争与地方政府对土地的控制行为》，《学术研究》2011 年第 8 期。孙秀林、周飞舟：《土地财政与分税制：一个实证解释》，《中国社会科学》2013 年第 4 期。

地行为并不明显。当时经营开发区依然是沿用经营专业市场的思路，政府征地后建好厂房，再把厂房出租给厂商使用。2002 年以来，白沟政府基于以下几个因素的考虑，转而采取经营城市的战略。

一是对城市品牌资产和土地资产认知的加深。随着白沟市场回暖，政府打造城市品牌举措的实施，使白沟土地资产价值重新被投资商认可。这与之前白沟市场的萧条使土地资产缺乏吸引力形成鲜明对比，也使白沟政府意识到经营城市的价值。

一个城市的价值，最主要的，不一定是这个城市拥有怎样的硬件，而是它的环境、它的形象、它的牌子、它在市场上有多大的影响力。"白沟"这两个字，本身就是个大品牌，就看你怎样经营。城市脏乱差，市场秩序不好，令人谈虎色变、闻而却步，对投资者失去了应有的吸引力，你讲开放，讲而已，一厢情愿，人家不来。或者来了，既不舒心，又不赚钱，人留天不留，人留环境不留，门前冷落车马稀，成了空壳城镇。牌子不值钱，城市这份资产就贬值。相反，城市经营得好，市场文明，经济繁荣，既可安居，又可乐业，一派蒸蒸日上的兴旺景象，牌子树起来，名声张扬出去，有凤来仪，瑞气万千，城市这份资产就不断升值。一亩土地，可以卖 10 万，也可以卖 18 万。①

二是城市建设资金压力。随着白沟城镇化的加快发展，城市基础设施建设资金需求越来越大，地方政府通过自身财政收入很难填补庞大的资金缺口。因此需要引导社会资金投入城镇基础设施建设。

城市建设所需资金越来越大，单纯依靠财政搞城市建设的路子已举步维艰，必须彻底改变城市建设政府投入、无偿使用的旧模式，需要走经营城市之路。一

---

① 引自白沟政府内部资料《白沟研究》，第 137—138 页。

句话叫"谁投资，谁受益"，一句话是"谁受益，谁拿钱"。多元化开发，多元化投入。在这个大宗旨下，任何题目都可照此办理，城市建设必然柳暗花明。城市本身就是一座金矿，只是懂不懂经营和是否经营得当。①

三是规模化开发土地收益的刺激。2002 年以前，政府对土地的征用较为零散。2003 年以后，随着白沟市场人气的恢复和箱包产业影响力的扩大，白沟政府意识到零星的土地征用和开发难以与工业园区规模开发所带来的收益相提并论，因此，白沟政府重新兴建工业园区时，采用了规模征地、滚动开发的策略。土地出让收益成为白沟基础设施建设资金的重要来源，土地资本化收益成为白沟政府推动地方经济发展的重要助推器。

2. 投资主体多元化

在确定了经营城市方略后，白沟政府实行基础设施建设投资主体多元化策略，依靠市场化运作手段拓宽城市建设资金渠道。民间资本逐渐成为各类建设项目投资主体。从白沟地区投资来源来看，国家和集体的投资份额逐渐减低，个人投资比重迅速提高。1990 年白沟镇固定资产投资中，国家和集体的投资额1009 万元，占总额的 79.8%。2006 年全镇固定资产投资 10.01 亿元，其中国家和集体投资仅占 5.37%，民间投资额则由 20.2% 提高到 94.63%，民间投资成为白沟镇的投资主体。到 2016 年，民间固定资产投资额增加到 80 亿元。②

3. 摊位经营权出售模式

2003 年以前，白沟政府是市场投资的主体，采取摊位出租模式收取费用。2003 年以后，政府引入开发商，采取使用权出售模式经营摊位。③ 2004 年，政

---

① 引自《白沟研究》，第 138 页。
② 本段关于固定资产投资的数据，根据《白沟镇调查：商贸型小城镇可持续发展研究》、《白沟镇总体规划资料汇编》和政府工作报告相关数据信息整理。
③ 老的箱包交易大厅由政府租用白四的集体土地建设，起初每年付租金 30 万，后来增加到 45 万。因此箱包交易大厅的经营店铺或者摊位并不是具有独立产权的商用房，商户拥有的只是使用权。

府联合开发商隆基泰和对老箱包大厅三楼摊位使用权进行拍卖。SFM 描述了当时摊位拍卖的状态：

2000 年以后市场又重新旺盛了，政府组织对老箱包交易大厅精品屋的出售（使用权出售），以拍卖方式进行。当时，下边有个台子，商户都围着。第 5 号摊位多少钱，起价 5 万，最后卖到 26 万，梆，敲锣。28 号摊位起价比如 6 万，然后逐渐竞价，8 万，10 万，15 万，20 万，26 万，每人要价，就梆一下，敲定卖给谁。（SFM，20170222）

从 2004 年老箱包交易大厅摊位使用权出售开始，后续其他专业市场的摊位基本都采用了经营摊位出售模式。

4. 工业用地的滚动开发

白沟政府经营开发区，先由政府建厂房和基本的配套设施，然后出租给企业使用。但这种模式会增加政府基础设施的投入，加重政府财政负担。2003 年以后，白沟政府采用了土地出让模式发展工业园区。

白沟政府主要采用两种方式出售工业用地：一种是政府完成土地整理，然后规划好土地，把土地出售给生产型企业，由企业投资建厂。这种模式保证政府直接从土地出让中获益。另一种模式是政府征用土地，转让给工业地产开发商，由开发商负责基础设施和工业园区的建设，然后把厂房出售给入园的生产型企业。这种模式可以解决园区内基础设施建设资金来源问题。2003 年开始，政府采用这两种模式对土地进行滚动开发，到 2007 年工业区开发面积将近 5000 亩，有 670 多家企业入驻。工业区内的几大工业园区，包括国际工业园、复兴隆科技园区、CT 工业园区等，由不同开发商投资建设。这种工业地产开发模式其实和住宅地产、商业地产没有区别，都是通过售卖土地使用权获取土地利差。这种开发模式有利于政府快速获取土地收益，增加财政收入，同时也可以满足上级政府政绩考核的要求。

（三）土地资产升值与政府土地财政

1. 土地资产升值

随着白沟箱包产业和专业市场影响力的提升，上级政府对白沟的重视不断加强，白沟地区行政级别不断提升，白沟地区的土地价值也不断提升。在《河北省国民经济和社会发展第十一个五年规划纲要》中，河北省首次把白沟写入规划中，明确把白沟培育成国际知名市场。在河北省"十二五"和"十三五"规划纲要中，明确提出强化白沟专业的物流集散功能和外贸功能。[①]保定市也不断提升白沟地区的战略定位。保定市政府希望把白沟的产业和白洋淀的旅游结合起来，打造保定市东部区域次中心城市。2008年，保定首次提出了"白沟·温泉城"次中心城市的定位，并明确到2020年人口达到30万，建成区面积40平方公里，地区生产总值达到120亿元。[②]2010年4月1日，白沟新城被中央编办、中央农办、国家发改委、公安部、民政部、财政部联合批准为河北省唯一的经济发达镇行政管理体制改革试点。2010年8月，经省委、省政府批准，组建副地级保定白沟新城管理机构，辖区面积118.5平方公里。保定市进一步明确白沟新城发展定位为中国箱包之都、京南商贸名城、保东中心城市，当好保定市加快发展带动区，打造现代特色产业聚集区，建设统筹城乡发展示范区，争做综合配套改革试验区。

随着京津冀协同发展战略的实施，特别是雄安新区的设立，白沟作为京津冀一体化重要节点和雄安新区的临近地区，土地资产价值大幅度飙升。2006年，国家发改委提出"京津冀都市圈2+8"。2011年京津冀一体化发展写入国家"十二五"规划。2014年，京津冀协同发展上升为国家战略。2015年4月30

---

① 在河北省"十一五"规划纲要中，提出"继续推进大型商品市场的改造升级，进一步完善功能提升档次，将保定白沟、石家庄南三条和新华集贸等培育成国际知名的商品市场"。在河北省"十二五"规划纲要中，提出"依托白沟箱包、安平丝网、肃宁皮毛等大型商品交易市场，建设商贸集散型物流产业聚集区"。在河北省"十三五"规划纲要中，提出"增强白沟箱包、辛集皮革等特色交易市场的外贸功能"。

② 《保定"一主三次"城市发展规划纲要（2008—2020年）》，2008年7月3日公布。

日，中共中央政治局会议通过《京津冀协同发展纲要》，并强调京津冀三地要在交通、生态、产业等三方面率先突破，标志着京津冀一体化发展进入提速阶段。2017 年 4 月 1 日，中共中央、国务院决定设立雄安新区。与此同时，白沟地区土地价值不断提升。2000 年，白沟征地拆迁，每亩补偿 15000 元，2003 年增至 27000 元，2009—2011 年每亩补偿 36000 元，2012—2014 年 52100 元，2015—2017 年补偿金增至 85000 元。

随着白沟土地增值速度加快，白沟地区的住宅价格迅速增长，从 2009 年每平方米 1800 元升到 2017 年的 16000 元左右。

2. 地方政府对土地财政的依赖

随着白沟新城的建设，白沟城市化向东和北扩张，政府征用土地的频率和面积不断增加。

表 4-2　白沟新城各村原有耕地及政府征地情况（截至 2016 年底）[1]

单位：亩

村名	原有耕地	已征土地
许庄村	5000	4250
义和庄	2230	700
南留村	1445	1445
东芦僧村	1708	651
西芦僧村	703	703
华梓营村	1709	1500
宋村	375	375
黄庄	280	90

建设白沟新城、京津冀协同发展与雄安新区等政策东风使白沟新城的土地

---

[1]　根据政府相关部门访谈记录整理。

资产迅速增值，强化了地方政府通过扩大城市建设规模来增加地方财政收入行为。白沟专业市场和土地资产价值之前处于渐进的相互强化过程，随着土地资产价值的收益远超出经营专业市场的收益，白沟政府逐渐放弃了对箱包专业市场的经营，转而全力经营城市土地资源。从表4-3可以看出，2012—2016年，白沟一般公共预算收入中与房地产直接相关的财政收入不断增加，白沟政府对土地财政的依赖趋势愈发明显。

表4-3　2012—2016年白沟新城与房地产直接相关的一般公共预算收入 [①]

单位：万元

税种＼年份	2012年	2013年	2014年	2015年	2016年
城市维护建设税	671	838	1055	1584	1565
房产税	251	1201	1213	1723	2442
印花税	191	327	536	525	690
城镇土地使用税	304	1232	621	837	1299
土地增值税	1646	1412	3081	7043	8366
耕地占用税	294	1033	4503	1576	402
契税	3054	2559	3403	4797	4397
合计	6411	8602	14412	18085	19161

2015年白沟新城地税纳税十强企业中有8家为房地产企业，房地产企业成为地方税收最重要的来源。

---

① 本表根据白沟新城财政局提供的财政收入统计表整理，原表还包括增值税、改增值税、企业所得税、个人所得税、消费税、营业税、车船税等收入情况。因为未能拿到国税和地税部门相关数据，不能获得这些税种中涉及建筑与房地产类别收入情况，因此本表去除了这些税种。

表 4-4　2015 年白沟新城地税纳税十强企业名单 [①]

序号	企业名称
1	和道房地产开发有限公司
2	石家庄珍兴房地产开发有限公司白沟分公司
3	保定尚豪置地房地产开发有限责任公司
4	保定隆卓房地产开发有限公司
5	保定隆润房地产开发有限公司
6	河北天德房地产开发有限公司
7	中国工商银行股份有限公司白沟支行
8	河北鹏润房地产开发有限公司
9	中国银行股份有限公司白沟新城支行
10	浙江新东阳建设集团有限公司

三、地方政府主导推动市场空间扩张

（一）市场搬迁的政治经济学

2008 年以来，河北省和保定市对白沟的重视程度不断提高，分别提出把白沟打造为国际知名专业市场和保定次中心城市。上级政府的重视对白沟新城政府继续做大市场规模形成了正向激励。对于白沟政府而言，向上级政府传达政绩信号的方式除了地区生产总值的增长，就是专业市场影响力的提升，而市场交易量和特色产品打造则是衡量专业市场影响力的重要指标。以往白沟箱包市场的扩建升级或者搬迁所形成的市场空间扩张带动了市场成交量的不断增长，也推动了箱包产业的发展。另外，财政激励也是白沟政府推动市场空间扩张的重要因素。扩建市场不仅提高了市场管理费收入和商户缴纳的税收，而且可以

---

① 数据来源于《2015 年白沟新城国民经济和社会发展统计公报》。

提升专业市场周边的土地资产价值。随着白沟新城的开发，白沟地方政府亟须引入民间资本以带动区域基础设施的建设和区域经济的发展。伴随着规模巨大的箱包交易市场的搬迁，一大批商户迁入白沟新城区，人口的集聚将直接带动白沟新城房地产、餐饮等产业发展。

20 世纪 80 年代初期，白沟当地农民自发聚集在老街周围，依托传统集市摆摊设点兜售产品，形成了白沟专业市场的萌芽。政府宽松的管理为市场营造了独立发展空间。此后，政府持续主导市场的搬迁。

从政府集资建设白芙蓉市场到开发商修建国际箱包城，市场硬件设施的改扩建或者新建，基本都是为了解决市场经营空间不足的问题，基本逻辑是"先市后场"，即摊位需求超过了已有市场供给时再建设新场地，可以有效避免市场的"空心化"。在这一过程中，政府的规划引导确实提升了市场的规模、规范了市场的外在交易秩序，商户也持续受益。这种市场扩张的成功经验强化了白沟地方政府不断兴建市场的冲动。时任白沟党委书记李洪强在谈到市场搬迁时认为："白沟市场是搬出来的，越搬规模越大，越搬档次越高，越搬人气越旺。"[1]

根据过往经验，白沟地方政府认为每一轮市场的扩建和搬迁意味着市场摊位数量的增加，也意味着市场交易量的提升，不但可以增加地方财政收入，还可以向上级政府传达有效施政的政绩信号。因此，每一任政府对兴建新市场都是乐此不疲。

随着商业资本力量迅速壮大，商业资本取代白沟地方政府成为专业市场的投资主体，与地方政府一起成为级差地租的剩余索取者。2003 年以前，白沟各大市场都是在行政力量支配下建立起来的，政府实际上既当裁判员又做运动员。在确定了经营城市的战略后，白沟政府希望引入企业来投资、经营市场，政府过渡为市场监督者。2003 年以后，白沟各专业市场不断升级，并经历了具体交易场所的变迁。在这一阶段，民间资本纷纷介入市场建设。在民间资本主导下，

---

① 转引自吕雪松、苏励：《李洪强：引领白沟走向品牌时代》，《河北日报》2007 年 7 月 3 日。

原有专业市场向专业商城转变。2004 年，白沟政府联合开发商将白沟箱包城打造为现代商城。开发商以建设资金入股，项目改造后，国有资本占 70% 股份，开发商占 30% 股份，双方按照股权比例分享商城每年收益。之后，开发商陆续独资建设了五金皮革城和国际箱包城，企业成为白沟市场建设的主导力量。

（二）政府规划变动与不同利益主体之间博弈

1. 箱包经营权的博弈

专业市场作为白沟地方经济重要组成部分，所形成的人流、资金流、物流、信息流的集聚效应对于城市发展有着重要影响，如何通过专业市场的空间扩张带动城市发展成为政府的关注焦点。到 2009 年，白沟箱包交易市场形成了以箱包交易大厅和国际箱包城为核心的箱包专业市场布局。按照原有的发展规划，白沟政府希望在老城区实现市场经营场所的集聚，推动市场改造升级。为此，白沟政府引入了开发商 A，投资建设新的商业综合体项目，并对老的箱包交易大厅进行改造升级。项目立项后，政府发布公告对项目目标、具体规划加以说明。

为了推动箱包专业化市场整体升级，加快发展白沟经济和进一步提升白沟形象，改善城区面貌，为广大商户营造一个具有国际化标准的经营环境，打造中国的"箱包之都"，2010 年 5 月，白沟镇人民政府通过招商引资，启动了白沟箱包交易城扩建改造工程，投资近亿元对白沟箱包交易城周边的环境脏乱差，群众反映强烈，严重影响白沟城区面貌和形象的"燕都果蔬市场"进行了补偿拆迁。又投资 3.96 亿元在拆迁地建设集箱包交易商城、高档写字楼、公寓、星级酒店于一体的地标性城市多功能综合体。白沟镇人民政府明确要求多功能综合体底商与箱包交易城相连通，并在扩建完成后，对原有箱包交易城进一步升级改造。①

---

①　引自《白沟镇人民政府箱包交易城改造项目房屋拆迁公告》（2010 第 1 号令）。

该项目启动后，开发商组织了预售活动，白沟地区商户和居民大量提前认购。但预售不超过一周，政府就叫停了开发商的预售活动，主要原因在于白沟新城政府领导换届后，继任领导对白沟的专业市场发展思路发生了变化。新任领导希望以开发商 H 为箱包市场的建设与运营主体，在新城区实现箱包交易市场空间再造，建设省级重点项目华北城，打造"全世界规模最大的单体箱包交易市场"，围绕箱包交易市场打造白沟新城的商业综合体和白沟新区。华北城项目在立项阶段就有争议，但因为政府追求政绩工程和土地财政，这一项目得以实施。

当时我参加项目论证会，我说这个项目就是错误的。我认为90年代盖箱包市场是因为有市无场，晴天一身土，雨天一身泥，需要有形市场来规范市场秩序。现在已经进入了有场无市阶段了，我们重点发展的是电子商务，谁还去你商城去批发包了。我当时就说5—10年电子商务必然取代有形市场，这有形市场和无形市场分界就在这儿。当时我们没有有形市场，雨天里边刮风下雨踩泥，那个时候我们需要有形市场。可是有形市场形成以后，通过一段时间演变，必然要走向无形市场，这是一个发展规律。后来项目还是立项通过了，现在市场也建起来了，但怎么着，你看看现在市场是不是有场无市？（SFM，20170222）

2012 年，华北城项目主体工程基本建设完成后，白沟政府又贴出了关于市场整体搬迁的公告。政府的公告明确规定了原有的箱包市场于 2013 年 4 月 30 日关闭，经营业态将重新规划定位，原有的箱包交易城的经营户和投资户将整体搬迁至新场所，并明确了隆基泰和开发的和道国际（华北城）箱包交易中心是官方指定的唯一经营箱包皮具的专业市场。招商公告还首次规定了其他定位为箱包皮具经营的市场都属个人行为，出现任何问题由个人承担。

政府对箱包经营权属的规定自相矛盾，引发了商户质疑。为了平息质疑，白沟新城政府又出台了补充公告：

白沟箱包交易城位于白沟镇老城区，经过 20 多年的运行和发展，出现了设备设施老化、安全隐患大、环境脏乱差、交通堵塞严重、市场竞争力减弱等突出问题，在很大程度上制约了箱包市场乃至箱包产业的进一步发展壮大。为彻底解决这些问题，白沟新城管委会着眼长远和可持续发展，打破在原市场基础上改造升级的传统模式，在白沟新区规划建设省重点项目 —— 和道国际（华北城）箱包交易中心。该项目建筑面积 50 万平方米，投资 30 亿元，集研发、培训、会展、电子商务、国际贸易等功能和服务于一体，是目前全球最大的单体箱包专业市场。主体正在兴建，并于明年 5 月 1 日正式开业。该项目针对白沟箱包市场的不同商户类型，本着切实保障商户利益的原则，采取市场整体搬迁和对外招商相结合的方式，对现有箱包市场商户推出了 1：1 置换摊位面积、只收取物业费等优惠政策，并推行统一规划、统一宣传、统一推广、统一招商、统一管理、统一服务、统一协调、统一收费的"八统一"管理模式，真正为商户安心经营保驾护航。目前已有 665 家、98% 的商户积极办理了预约登记手续，并交纳了诚意金。

和道国际（华北城）箱包交易中心是华北城整个项目规划中的核心和基础。整个项目规划 500 万平米，投资 500 亿元，目标是打造白沟新城的商业综合体和白沟新区。在建设的同时，积极完善餐饮、酒店、仓储、物流等配套设施，形成完善的产业链条，进一步拉动白沟经济的发展。此次市场转型升级顺应市场发展趋势，有利于市场管理、商户经营，有利于改善经营购物环境、降低经营成本，有利于提高市场的综合竞争力，也符合绝大多数商户的利益，得到了广大商户的认可、支持与配合。目前，白沟新城管委会正积极平衡各种利益关系，同时也考虑研究老市场的充分利用，统筹产业布局，引入新的商业业态，最大限度维护各商户的利益，确保市场整合升级有序、平稳、安全、顺利进行。[①]

---

① 引自白沟新城政府《关于白沟箱包交易城转型升级情况的说明》。

政府补充公告并没有打消商户们的质疑，反而进一步引发了商户、原有开发商和政府之间的利益冲突。整体搬迁后，政府给出的政策是按照现有面积1∶1置换。但因为新旧市场地理位置的差异，商户们对处置方案并不认可。

我们在箱包老厅有几个摊位，都是自己花钱买的，花了几十万上百万买的，50年使用权，才用了8年。老厅现在也能卖一万五一平米，他让我们搬到那里去，那边也给你剩下42年使用权，同等面积置换。但是在这边，如果是100平米的话就值150万，去了那边就值二三十万。如果商城起不来，我们什么摊位也都不值钱。①

很多商户因看好白沟箱包交易城改扩建工程项目，投资了该项目商铺。商户们担心统一规划的和道国际项目建成后，在该项目上的投资得不到保障。

箱包交易城改扩建工程一个是地理位置好。第二，跟老箱包城是连通的，连通以后我们做生意肯定是有发展的，所以买了这儿。一搬迁以后，我们这儿就贬值了，以前3万，现在连3000也不值了。②

出于对箱包交易城改扩建工程的未来发展的担心，政府发布公告后，回迁户、箱包精品屋和高层公寓购房户要求与项目开发商解除合同。面对这种情况，A开发商以房屋预售不存在违约行为为理由，拒绝了购房户退款的要求。A开发商认为政府擅自变更招商引资所签订的投资协议，希望政府给予所开发的项目合法地位，允许该项目经营箱包。

---

① ② 根据《河北白沟箱包城扩大重建，新城还没开建先交保证金》整理，http://news.sina.com.cn/o/2012—05—30/173524506702.shtml。

2. 政府被动卷入解决问题

购房户在开发商拒绝退款的情况下，采取了集体上访的方式，希望政府撤销市场拆迁公告或者督促开发商退还购房款，以此来保障自身的利益。

在政府预防群体事件、维护社会稳定的压力下，当地政府做出了把项目回购的决定，预付了收购款 1.6 亿元，但指定开发商必须把资金退还给购房户。根据 ZZQ 回忆：

出在什么问题呢？政府原来在前任领导时期，我们政府和开发商签了协议，当然这协议我也没见过哈，建一个建筑物经营箱包。这后来又过了多少年，白沟升格了，领导人也有变化了，后来又承诺隆基泰和建一个箱包城，这就发生矛盾了，他就和政府要条件了，商户也上访折腾等。本身市场就这么大，你这蛋糕就这么大，你吃到，他就吃不到了，所以就发生了利益的碰撞、折腾。后来，当时领导层做出个决策，政府把它收购了，问题不就解决了吗？就给了他（凤凰 OTO 开发商）一部分钱，开发商又找评估资产，评估建筑物，说钱很多啊，提出的收购价格很高。后来上级审计部门的审计也不允许，你这个政府举债，包括政府办事也好，人家国务院规定的政府不能建楼层馆所，政府经商办企业可能也不行。审计部门就说这是违规的，政府还得撤回来。政府怎么撤呢？后来就说你（凤凰 OTO）可以经营箱包，不仅和道国际可以，你也可以经营，我不再收你了，那钱呢就属于借给你的。这样呢，他（凤凰 OTO）又开始办箱包。这事啊，可能领导当时做决策就比较仓促，现在这钱也还没收回来呢。（ZZQ，20170302）

地方政府为了维护市场稳定，出资回购暂时解决了问题。原本希望完全退出专业市场经营的地方政府在涉及到商户与开发商及开发商之间的争端时，感知到社会风险后，又被动卷入市场活动，被动成为专业市场建设的投资者。

2013 年，和道国际箱包交易中心建成，政府组织将原有的箱包交易中心和国际箱包城商户全部迁入和道国际箱包交易中心。其间，凤凰 OTO 与政府不断博弈，随着领导更迭，政府终于同意其经营箱包。

和道国际启动一年，然后我们这块儿一直协商。当时政府退了两步，行了，你们只要不卖包，你们干啥都行，政府全力支持，而且原来政府投那一个多亿，咱们好说，你慢慢还，你有钱就还，你没钱就可以先不还。都到这一步了，我们老板就说不行，我们就是卖包，白沟就是包，你在白沟，你干别的都不行。结果政府还是不愿意让我们卖包。又过了一年，政府松口让我们卖包了，政府为什么松口了呢？换了一任书记，原来那书记还咬着不放，卖包就不行，除了隆基泰和的和道国际经营箱包类产品，在外边经营箱包的，你都不合法，后来也是国家政策不允许政府干扰市场，谁还敢强制干扰市场啊，你这属于干扰市场经济，你本来就不公平，为啥让他一家独大啊？（LL，20170227）

与政府及商户的争议解决后，凤凰OTO把该项目定位为线上线下结合的箱包交易市场。到2015年，白沟市场形成了以和道国际为投资主体的新城区域箱包产业聚集区，同时形成了不同投资主体建设的聚集在老城区的各类箱包专业市场。

四、确保群众在市场发展中受益

（一）仁和庄土地资本化

白沟的仁和庄村是农村集体土地资本化推动村庄城镇化并保证村民利益的典型。仁和庄村是早期白沟镇的边缘村。改革开放后，随着白沟市场东扩北移，仁和庄逐渐实现了城镇化，并在2000年以后成为白沟市场的中心区。2000年以后，仁和庄通过与政府、开发商合作的方式实现宅基地和自留地的商品化与资本化，通过保留专业市场经营的所有权将土地级差收益留在村庄，使村民受益。

随着白沟市场的发展，仁和庄人意识到通过土地建"市"，推动土地的资本化利用才能获取更大收益。2002年，白沟政府计划征用仁和庄土地建设服饰广场，村集体通过与镇政府谈判达成了以集体土地入股方式参与市场的开发。仁和庄虽然失去了 375 亩的耕地，但却以集体土地权利交换到了资产权利，拥有服装城 60% 的股份。据仁和庄党支部副书记 LYM 介绍：

> 当时服饰广场那块是仁和庄的地，我们没有一次卖掉，咱们以土地入股。土地入股呢，市场兴，我们也跟着兴。我们和政府之间也有个协议，仁和庄全权委托给政府管理。运作市场项目开发公司是政府下属公司开发运营，他们公司也是独立运作的，对政府负责，对村里边负责。咱们也属于大股东，60% 股权。市场每年利润仁和庄享受 60%，政府享受 40%。这么弄呢，能保证可持续发展，保证能有持续的活钱儿，这么着，每年能够收入个四五百万，然后除去村委会集体办公开支，再以生活费方式给大伙发了补贴了，咱也不留着这个。所以到时候，每年挣的钱有仁和庄 60%。你比如说挣了 1000 万，有仁和庄 600 万；挣 100 万，有仁和庄 60 万。（LYM，20170304）

仁和庄不仅拥有分红权利，还拥有服饰广场 C 区 91 套门店的所有权，门店出租收取的摊位费属于村集体财产。仁和庄在服饰广场项目上，通过利润分红和租金获取保证了土地失去后的持续收入。

隆基泰和作为土生土长的开发商，从建筑业起家，并随着白沟市场发展逐步壮大。2002 年，隆基泰和作为建筑施工商参与了服饰广场的建设，但并未参与市场的运营和实际收益分配。2003 年，白沟镇政府引入隆基泰和对老箱包交易大厅进行改造升级。隆基泰和以建设资金入股，占有箱包交易大厅 30% 股权。隆基泰和在老箱包交易大厅建设和运营中与政府建立了良好的合作关系。随着市场繁荣，原有的箱包交易大厅已经不能满足商户对摊位的需要，箱包交易市场迫切需要进一步扩容。在此情况下，政府继续与隆基泰和合作，由隆基泰和开发建设国际箱包城，并征用仁和庄土地。随后，政府、隆基泰和、仁和庄三方围绕 240 亩土地的转让展开了谈判。经过讨价还价，最终确定仁和庄以每亩

40万元的价格转让160亩土地用于建设国际箱包城和五金皮革城，并由隆基泰和为仁和庄代建辅料城。所征160亩土地的转让收益，政府分60%，村集体分40%。村集体通过与开发商和政府谈判既保证了一定收益，也获得了建设市场、运营市场的机会。开发商最初想把仁和庄那片地整体开发，但享受到土地资本化收益的仁和庄人并不想把土地全部出让，而是留下一片土地，用村集体积累的资金建起村集体的第一个商城——服饰辅料城。当时559套门店，估价1.2亿，每名村民可以分到5.8万元。村民可以选择门店，按照一户人口数折价分配，多退少补；也可以选择按照家庭人口数要现金。据LYM介绍：

> 当时村里整个一块地，他们都要征用建商城，然后村里边就说，你都征用了，我们老百姓的饭碗子，我们吃什么，喝什么啊？所以说，你把这留下这一块，我们村里自己开发，那边啊，归你们开发。然后我们开发完，分给老百姓。土地是老百姓赖以生存的祖产，你都征用了，一次性卖完了，把俩钱儿分给老百姓，不是花完了？你这个，你增值，咱们随着增值，是这么回事吧。你现在有好多的村，十几年后好多的村照样采用咱仁和庄的方式，而且老百姓也是满意。不这么着，我跟你说，凡是说把土地一次性卖给他们，多少钱返给村里边，村里边不把这个钱给老百姓，甚至自个儿边挪做这个挪做那个用，现在就形成了矛盾积累，上访告状，老百姓什么也没见着。然后施工方反正我给你镇政府钱了，我给你村里钱了，至于这里边给不给到你村，村里边给不给到你老百姓手里，我不管。我拿着我的手续我到这开发，老百姓你拿着镐，拿着锹，你别给我动，这不得形成这个嘛？所以仁和庄绝对不存在这个，都是集体运作的，老百姓都非常满意。（LYM，20170304）

在白沟地区政府扩建市场以发展商场经济的过程中，仁和庄通过土地入股、自行开发和土地出让等多种方式参与了服装城、五金皮革城、国际箱包城、服饰辅料城等四个专业市场的开发和运营，享受到了级差地租收益。过去的仁和庄村，人均耕地不到一亩，村民从传统农业中所获取的收入仅够维持家庭基本生活。而今，仁和庄村民拥有宽敞、现代的住房，从事箱包的经营和商场管理，人均年收入超过 1 万元。仁和庄利用土地建市场，充分实现了集体土地资本化，带动了村内人口的城镇化，保障了失地村民的权益，促进了农民收入显著增长。

（二）村集体自建市场：来远村的实践

随着征地面积的扩大，村集体与农民开始适应土地征用所带来的社会转型与变迁，寻求实现自身利益的发展手段。[1] 在白沟政府发展工业园区的过程中，来远村以较低的价格出让土地 800 多亩。2003 年村支书 ZFL 上任后，开始谋划市场建设，为村集体谋利。根据他的讲述：

当时工业园区一期征了我们 100 亩地，后来又陆续征了 400 亩和 300 亩的地。政府刚开始每亩补偿是 1.5 万，后来涨到 2.7 万每亩，最后征的 300 亩地是 3 万每亩。说实话，900 亩地很便宜就卖了，没后劲儿。看着当时很受益，后边呢？当时依着我，最后那 300 亩就留着，后来镇政府动员我们，考虑到地方发展也就征了。但是我们自己也得想办法给老百姓弄些持久的营生啊。（ZFL，20170425）

地方政府以低廉的成本从农民手中获取土地，再以较高价格转让，土地资产在不同市场主体间转换，农民获取的实际收益是最小的。这种土地资本化过程使村集体也开始寻求尽可能利用集体资产的资本化来实现集体收益。来远村利用闲置和公用空间及宅基地把土地资产资本化收益留在村集体。2000 年以后，白沟箱包市场的大发展使村委会有意模仿政府建设市场来收取租金。首先解决的是土地来源问题。来远村通过村集体出资，对村里的闲散地进行整理，使之成为可利用的土地。根据 ZFL 的描述：

---

[1]　黄玉：《乡村中国变迁中的地方政府与市场经济》，中山大学出版社，2009 年，第 200—229 页。

我们利用的土地原来是我们村和隔壁村的闲散地，原来是大坑等，后来把坑给垫上了，从政府的补助款里拿出 200 万找拉土的垫上了。我们利用的这块地既不是耕地，又不是宅基地，是属于把闲散土地整理后建民房和门市房。因为那个时候征地好征啊，没有说跟现在的时候这么谨慎。那时候哪有公地不公地那一说，我们弄是 2002 年开始，那时候政策也比较宽松。（ZFL，20170425）

当时村集体没有足够的建设资金，手里只有镇政府给的部分征地款，但这些资金远远满足不了建住宅和市场门市房的需求。来远村的办法是采用建筑商垫资的方式进行滚动建设。

我们村民代表招标了好几个施工队，我们按照正当程序招标，一共招四个施工队，区分开来，一个建多少平米。我们利用征地款付了首付。我们分了够数了，就开始一边建一边往外卖。因为那个年头不像现在钱这么活分儿，老板能有多少钱啊？没多少钱，有钱就得给这些施工队。收了钱就给一部分施工款，这个建筑队儿好比该他 1000 万，先给 200 万，慢慢分着走。给不了了，最后把剩的商铺折账给你，好比说我们卖给外边 1500 元一平米，就按 1500 元给你算，就把施工款弄清了。（ZFL，20170425）

得益于白沟市场整体处于上升期的产业环境，来远村建好的商品门市房很快就售罄。经过三年滚动发展，通过商铺出售，来远村不仅完成了村集体住宅的建设，同时也把二手皮革专业市场启动起来。

初步尝到土地资本化收益的来远村在 2006 年又启动了老村 100 亩宅基地的拆迁改造项目。在政府主导下，来远村与隆基泰和达成了合作开发协议：由村集体出土地，隆基泰和出资金，双方联合完成老村宅基地的拆建和住宅、配套商铺的建设。这些配套商铺，由村集体按照与村民协商的结果统一分配。新建的商铺邻近原有二手皮革市场，由来远村组织人力提供市场基本服务。

村委班子的前瞻性和对关键事项的集体决策，使得来远村的发展一直比较平稳，村民真正获得了实惠。

我们村老百姓理解的事多，村干部也比较认真，哪个村发展得好离得开村集体领导班子？大伙商量着，或者通过村民代表大会来决定。我们村征地那时候也没出现谁谁告状去了，没这个。我们拆村的时候，都没告状的，整体比较平稳。当时别的村都羡慕我们，你看人家来远村都分了房了，老百姓得安居乐业。（ZFL，20170425）

五、市场治理效果

（一）专业市场在波折中发展

2013 年，国际箱包交易市场项目启动后，白沟箱包交易市场的整体摊位数量供过于求。在电子商务无形市场的冲击下和新冠疫情的影响下，白沟箱包交易实体市场日益空心化，商户数量锐减，市场人气整体下滑。

随着政府经营城市战略的实施，白沟政府逐渐退出了对专业市场的经营，而是专心经营土地，推动土地的资本化，实现土地最大化收益。

比如我们完全可以运用市场经济手段，对构成城市空间和城市功能载体的自然生成资本（如土地）与人力作用资本（街、路、公园）及相关延伸资本（如城市广告、街路冠名权）等，进行重组、营运，最大限度地盘活存量、吸引增量。[1]

在这一定位下，地方政府不断推动专业市场商圈的建设。随着专业市场的逐渐繁荣，市场内部的店铺和摊位价值不断提升。特别是政府对商铺和摊位的

---

[1]　引自白沟政府内部资料《白沟研究》，第 138 页。

使用权进行拍卖后，商户对商铺的商品属性认知逐渐强化。另外，在政府逐渐退出专业市场的开发和经营后，专业市场公共属性下降。开发商作为市场的开发者往往希望从所开发的项目中迅速获利，因此往往把专业市场整体资产分割为具体店铺和摊位对外出售，这导致店铺和摊位成为地产化的商品。2003年以后，中国房地产市场进入高速发展阶段，投资者对商铺的投资行为逐渐强化。在这种背景下，商铺作为投资品的属性更强，商品经营场所属性反而被弱化。由众多单个店铺组成的专业市场，具有开放性和共享性等特点，内含有公共资源的性质，具有较强的正外部性。在开发商主导下，白沟专业市场公共属性下降，市场的炒作摊铺行为导致专业市场整体功能弱化。一旦市场人气有所下降，空置率超过某一限度，商户就很难有信心继续经营下去，会引起严重的连锁反应，甚至是市场的衰落。白沟凤凰OTO箱包市场的衰落就是一个例子。

2015年，凤凰OTO项目重启后，在市场摊位认购阶段，摊位申购者远远超出市场可以提供的商铺数量，市场摊位供不应求。

我没想到市场下滑这么厉害，你不知道抓摊儿那个火爆场面啊，当时哪儿哪儿都是人，大热天得排着队，手机放在兜里，来电话都接不了。大概得有10000多人过来参加摇号，摇着的才能选摊位，但实际摊位才1000左右。（WZD，20170226）

由于开发商审核不严格，通过抓阄或关系认购到商铺的商户中不乏炒摊者，这些人坐等摊位增值或者出租摊位以获利。很多真正想要经营的商户却没有拿到摊位。

当时在摊位上，我们确确实实是没有审核好，很多真正想经营的大户没有引进来。真正和道那边大户，做精品的，人家想来，人家不缺钱，但是摇号也没摇到，他就放弃了。然后呢，当时我们商场做出了错误决定，摊位禁止倒卖，不能转手卖给别人，导致一些想买摊的买不到，倒摊的是我不卖给你，我租给你。想

要摊位的大户呢，你要租给我，我不租，你卖给我，则可以考虑。这样就导致好多大户不弄这边了。（LL，2017027）

随着整体市场环境不景气，商城空置率逐渐升高，很多商户无心经营，纷纷关门大吉。即使在商场提出免租金、免物业管理费的政策下，市场依然没有起色。

（二）小商业资本转化为互联网＋资本

白沟实体市场经营成本的高企，使原有商户退出实体市场经营的成本相对较低，市场对商户的锁定效应变弱，实体批发市场商户借助互联网平台迅速转向服务于电子商务卖家的网供批发市场。

白沟作为"中国箱包之都"有着发展电子商务的特色与成规模的实体产业基础。从 2012 年开始，白沟电子商务进入迅猛发展阶段。2012 年，白沟电商达到 4000 家，年成交额千万元以上的网店有 200 多家，带动 2 万余人就业。到 2016 年，白沟电商数量达到 18000 家，日发货 18 万余单，年交易额近 80 亿元。截至 2020 年底，电商数量超过 3 万家，从业人员达到 6 万多人，日发货量 55 万单，电商成交额突破 150 亿元。白沟镇入选全国淘宝镇，在全国大众电商创业最活跃的 50 个县中排名第 6 位。[①]

面对实体经营成本的高企，部分商户由实体经营转向互联网经营，并最终形成电子商务卖家和为卖家提供网供服务的网供商[②]之间的专业化分工。到 2013 年，"网店专供"开始大量出现，专门为小卖家提供批发服务，坐落于天成嘉园、时代第一城、芙蓉苑和阳光凯旋城几个小区临街的门市逐渐汇聚为网

---

① 相关数据来源于白沟新城内部文件《白沟新城电子商务发展情况简要汇报》。
② 网供是指直接为网上卖家提供货物或为卖家代发货的供应商。白沟电商模式的核心是"电商＋网供＋生产者"，网供是连接生产者和电商的纽带。不过在实际运作过程中，网供商并不一定只介入网供环节，还可能介入电商和生产环节。

供批发商。这些网供商与这些小区的众多电商为邻,相互依存,产生集聚效应,进而吸引更多网供商在附近聚集,自然形成网供批发市场。

(三)产业转型升级面临困境

1. 规模厂商面临发展困境

由于地方政府把更多注意力集中在土地资产做文章,白沟实体企业的发展一直处于自我累积式的缓慢增长状态,缺乏上规模的大型企业。严格意义上来说,白沟基本上没有大规模厂商。根据招商局 ZMQ 介绍:

我们白沟就没有特别大的厂子,现在雇工在 300 人以上的工厂基本就没有,工人能有 100 人的厂子都算大的了。我们这儿每年产值在 5000 万以上的企业就算是规模很大的了。(ZMQ,20170306)

根据当地企业家的介绍,白沟年产值在 1 亿元以上的企业只有几家,而且企业业务结构以箱包外贸为主导。DWJ 所在的企业算是白沟这几年发展速度最快的规模企业。从 2011 年建厂到 2016 年,年产值达到 8000 万元,年产值可以排进白沟地区前五位。白沟的规模企业以做外单为主,接单主要有以下几种:一是参加国内外的展会、交易会,直接接订单;二是在白沟箱包交易城开设门店;三是依托淘宝、拼多多等电商平台开展互联网销售。这些企业接单后,或者授权客户贴牌在国外销售;或者厂商注册商标,销售到国外的产品贴自己的牌子。但白沟真正有品牌效应的箱包企业非常少。

白沟厂商面临的主要是资金限制、品牌打造和生产工厂规模的扩张。这些企业基本上都是依靠自身资金积累成长起来的,由于缺乏抵押物,很难获得银行贷款。

我现在的厂房是租的,也贷不到钱,最近资金流确实紧张。前几年发展太顺利了，去年扩张比较厉害，备了太多的原料，占了不少资金。现在客户那边回流资金太慢，我还欠着一些供应商的钱呢。（DWJ，20170305）

白沟工业地块供给本来就紧缺，随着白沟土地资产价格飙升，工业企业很难获得土地来扩大厂房规模。白沟箱包产品质量不断提升，政府也在不断推动企业品牌建设，但整体依然缺乏具有国内外影响力的知名品牌。部分初具规模的企业在土地、劳动力等要素成本不断增加的背景下，利润空间被不断压缩，纷纷意识到打造自身产品品牌的价值，也希望通过企业自身的努力提升产品的科技含量，打造属于自己的品牌。但在土地使用成本高企的背景下，白沟箱包企业打造产品品牌面临着诸多挑战。白沟箱包产业并没有完全走出产业低端发展路线的阶段。大多数企业缺乏自主创新能力，技术创新、管理创新和营销创新（包含品牌创新）不足，产品档次低，技术含量低，附加价值低。白沟从事商品出口的企业，基本上处于国际产业链分工的底端。部分劳动密集型产业依然以跑量为主，过多依靠低价竞争。

2. 小型厂商退化为加工户

2003 年以后，虽然政府兴建了支持小企业的工业城，但是很多小企业并不租用这些园区内的厂房，依然选择租用当地农民盖的房。一方面是租金相对便宜，另一方面是避免缴纳税费。

在白沟苯中毒事件发生后，白沟名声在农民工群体中变差，很多外地打工的都不愿意到白沟做工。愿意来的，工资也要比前些年高不少。根据 DSF 描述：

02 年主要是危机，苯中毒影响很大的。那时候工人就不好雇了，招人也不好招，都说有毒。那时候一个月就 1000 多了。后来就有劳动法了，一天不能工作超过多少小时。那时候雇人就以（工作）时间长来赚钱。有了劳动合同法，他就不给你干了，不满意就给劳动局打电话了。那时候新来工作的工人，在前几个月都赔钱。03 年以后，也还可以，能维持。到了 06 年就不行了，那帮河南人进来了，他们河南人好招工，人也多。那个时候从06—09年，钱都让河南人赚去了。当地人很多就不干了，只能做手工，因为你（本地人）雇不了人，他（河南人）能雇到人。后来，06、07年我们这里实行盖房，租给他们（河南人）。（DSF，20170305）

随着外地人进入与人工成本的提高，本地人逐渐退出雇工经营领域，转变成自己做包，把房子出租给外地人。对于本地农民来说，出租屋收入是一个重要收入来源。到了2013年，随着人工成本的增加，原有的小规模雇工经营厂商纷纷解体，回归到个人或者家户加工的模式。来自河南的邓女士讲述了她老公哥哥由小规模厂商退化为加工户的过程：

他嫂子，他哥哥，自己做。我们刚来的时候，他哥哥每一年工人都有二十几个。后来也是我们出的主意，当时工人干了三四年，人家工资要到4000、5000，你能开得起吗？你的利润能有多少？然后我老公就说，哥，你让那些工人自己干吧。你就裁了料，让他们自己干，给他一个包做出来加工费多少钱，他愿意接就干，不愿意接咱们就另找人，就改成这样模式了，也得随大流啊。那时候白沟大部分都是那样的模式。雇工不好管，雇工付出的要多得多，你像用人方面，劳动局你要是用童工，人家也不愿意啊，是不是啊？再加上现在基础工资都是2500到3000，你什么都不会来了还得给他3000块钱，头三个月根本就不挣钱，你还得跟着老交代培养，那也不合适。（HNM，20170221）

第三节
——

小结

在市场发展的过程中，义乌政府结合市场发展的外部环境变化，对市场发展战略作出调整，发挥有为政府的作用，实施有利于市场发展的制度建设，优化支撑市场发展的要素资源配置，使得市场和产业不断处于良性发展状态。通过建立信用指数体系和"互联网＋"的信用监管体系，有效地增强和提升义乌市场的信用和竞争力。通过产品准入制度和多方协同治理机制，实现共管共担，不断优化市场秩序。进入 21 世纪以后，义乌政府坚持按照市场运行规则办事，深化政府职能改革，转变为服务型政府，为市场提供优质服务，依法维护平等竞争的市场环境，形成有利于资金、土地、人才等要素资源合理配置的机制。同时，政府、市场、社会等多方力量对专业市场进行系统治理，兼顾了各方利益。在发展过程中，利用省内的扩权强县政策和国家各项先行先试政策，积极释放义乌市场发展的活力。在地方政府系统的治理下，义乌小商品市场的全球中心地位得以确立，成为连接国际大循环的商贸节点；义乌产业结构持续优化，产业层次不断升级；义乌城乡一体化进程不断加快，人民生活水平不断提高。

随着白沟市场人气恢复，因城镇化建设资金需要与认识到土地资本化收益对于地方财政的重要意义，地方政府逐步确立了经营城市的发展战略。随之而来，出让土地建设工业园区，吸引民间资金投资城市基础设施建设，有效带动了白沟城镇化发展。同时，土地与专业市场之间形成了有效互动，推动了市场和产业进一步发展。随着白沟地区区域重要程度提升，土地的资本化收益越来越高，白沟逐步进入过度依赖土地财政的大兴土木阶段。政府通过合理的利益分享机制，确保失地村民能够获得市场发展的增值收益，有效解决了失地村民的可持续增收问题。在白沟市场的带动下，白沟箱包产业迅速发展，规模企业数量逐步增加，但在整体上仍然是中小企业居多。同时，随着劳动力成本的不断增长，一些小规模厂商渐渐退化为个体加工户。规模企业发展也存在着资金、土地和品牌等方面制约，很难实现规模化扩张。随着市场的利益分化，经营摊位作为投资品属性越来越强，小商户很难承受过高的租金成本，摆脱了对开发商的依赖，与互联网连通，发育互联网资本，自发形成集聚的网供一条街，形成了对实体专业市场的部分替代。

第 5 章

结论与讨论

一、有为政府与有效市场

在市场转型过程中，俄罗斯与中亚、东欧地区的市场转型国家普遍存在信任危机问题，表现在市场秩序方面就是无序与混乱成为常态，而中国通过有效的市场治理实现了市场的有序和市场经济的繁荣。另外，与全球发达国家和地区经济持续动荡形成鲜明对比，中国经济在过去四十多年的持续高增长令全世界瞩目。对于中国经济发展的成就，国外很多学者从政府和市场的关系角度予以分析：一种是强调政府权力作用的发展型政府理论；另一种是强调国家释放私营经济活力的市场转型理论。两种视角理论假设是一致的，市场不存在于自然状态中，而是必须受到国家的管理。[1] 以上解释从不同方面强调了在向市场经济转型过程中，中央政府及地方政府通过积极的制度创新完善市场治理机制，确保市场资源配置有效。

实践证明，中国特色社会主义制度和国家治理体系具有多方面的显著优势。正如习近平总书记指出："可以说，在人类文明发展史上，除了中国特色社会主义制度和国家治理体系外，没有任何一种国家制度和国家治理体系能够在这样短的历史时期内创造出我国取得的经济快速发展、社会长期稳定这样的奇迹"[2]。

---

[1]　白苏珊著，郎友兴、方小平译：《乡村中国的权力与财富：制度变迁的政治经济学》，浙江人民出版社，2009年。

[2]　习近平：《坚持和完善中国特色社会主义制度推进国家治理体系和治理能力现代化》，《求是》2020年第1期。

改革开放后，中国很多地区出现了不同类型的经济发展模式，例如苏南模式、晋江模式、温州模式、义乌模式、珠三角模式等。这些不同的发展模式具体特征虽然有差异，但几乎每个模式都离不开地方政府的积极引导与塑造，区别仅在于力度与方式不同而已。这些地区的有为政府正确处理政府与市场关系，推动了地方经济的迅速发展。实际上，直到改革开放后，国家才重新引入市场并扶持其不断发展。中国的经济转型通过"摸着石头过河"进行，通过小成本的试错逐步探索市场经济的秩序完善和功能完善，在政府和市场之间建立一种有效的选择和协调机制，寻求政府与市场的最佳平衡点。政府的有效治理推动了稳定的市场秩序的形成，在一定程度上为中国经济的渐进式改革和经济发展赢得了比较优势。

义乌和白沟的市场变迁历程表明，如果没有政府的规范治理，单纯依靠市场自身的力量往往会导致市场秩序的混乱与失控。在"市场失灵"的条件下，市场活力也会成为破坏力。可以说，市场的无形之手和政府的有形之手相互结合是义乌和白沟市场成功的重要基础。在市场发展过程中，义乌和白沟地方政府从根本上减少对微观市场经济的干预，充分发挥市场在资源配置中的决定性作用，对市场经营主体进行引导与规范，释放市场活力。义乌和白沟专业市场变迁表明，政府在处理与市场的关系中重点发挥政府的三个功能：一是通过正式制度和非正式制度构成的制度结构为个人、企业和民间组织提供一种有效的激励结构和约束结构，推动各类主体参与到分工、合作、交易、生产、创新等创造财富的活动中，确定稳定的市场秩序。二是在发展过程中每一个关键节点，根据市场内外部环境变化及时调整发展战略，引导市场的发展方向，推动市场和产业的结构重组与升级。三是在不同的发展阶段，结合国家最新政策导向界定政府和市场边界，不断调整政府的角色和定位，转变政府职能，发挥政府的服务职能。

在市场发展过程中，义乌和白沟政府所扮演的角色日益多样化，它们既是市场竞争规则的制定者，也是市场发展的推动者，同时还是产业结构的规划者和公共物品的提供者，反映了地方党委、政府对自身承担的经济职能不断深化认识的过程。对于中国地方政府介入经济、干预市场，不同的研究提供了不同类型的划分，例如企业型政府、庇护型政府和发展型政府等。对地方政府不同类型的划分其实是对不同地区、不同阶段发展过程中的地方政府行为特征的概括。[①] 义乌和白沟地区经济发展的历程表明，在不同历史阶段，由于行政层级、自身资源条件的不同，地方政府对市场的介入程度不同，也表现出不同的行为特征，政府在市场化过程中扮演着多种角色。

义乌和白沟政府对市场的治理包括对交易主体、交易客体、交易行为、交易信息和交易场地设施等诸多方面的管理和服务。义乌和白沟政府在培育和规范市场过程中，不可避免地要遇到繁荣与规范、搞活与管住等方面矛盾，矛盾的实质是政府监管市场与市场自由发展的关系。这些矛盾体现了管理者、投资者与经商户之间、个别经商户与小商品市场的整体发展之间对立统一的关系。义乌和白沟专业市场兴旺发达的重要原因是有一大批有经营能力的经商户。对经商户的约束、干预过多势必影响经商户的积极性和创造力。但是，如果听任市场自发运行，市场机制本身的缺陷必然会带来经营环境恶化、市场秩序混乱等一系列问题。这些问题必然导致市场丧失有利的竞争优势。在市场变迁过程中，义乌和白沟政府积极作为，解决一系列市场发展中的问题，推动了市场繁荣、产业结构优化、人民共同富裕。

在市场早期孕育阶段，义乌和白沟专业市场的发育是传统商民、农民和地方干部彼此之间互动所形成的结果，地方干部对市场活动的"不管"或"放任"对义乌和白沟民间经济有着正面、头等重要的意义。[②] 在市场形成发展阶段，义乌和白沟政府将市场作为谋求地方经济发展一种重要手段，可以起到搞活经济、带动民众致富的效果。乡镇政府参与地方经济活动，希望利用政府资源带动乡

---

① Marc Blecher, Vivienne Shue, "Into Leather State-Led Development and the Private Sector in Xinji", *China Quarterly*, 2001, 166（166）:368-393.

② 《市场、阶级与社会：转型社会学的关键议题》, 2007 年。

镇社区发展，整个乡镇是一个利益共同体。政府逐渐成为市场的管理者、支持者和建设者，并通过土地、资金等要素资源的支持推动市场发展。与其他地区通过发展乡镇集体企业带动地方经济发展不同，义乌和白沟经济是由专业市场带动而兴盛，随之而来的是农村个体私营工商业的发展。20 世纪 90 年代初，随着义乌和白沟专业市场的初步繁荣，义乌和白沟政府意识到通过发展专业市场可以把土地资源盘活，可以活跃本地区经济，还可以获得更多财政收入。因此，义乌和白沟政府继续推动专业市场建设，不仅有利于直接征税，还便于政府征收管理费和租金，这是政府自筹财政收入的重要来源。[①] 在市场繁荣过程中，面临市场失序的挑战，义乌和白沟政府通过"划行规市"、整顿市场秩序等举措使市场回到了正常交易秩序，通过工商结合的发展战略推动了地方工业的迅速发展。

2003 年以来，在国家不断调整政府与市场关系的背景下，义乌和白沟政府也在不断调整自身与市场的关系，逐步确立了经营城市的发展方略，大量引入社会资本建设城市基础设施，继续推动专业市场的转型升级。同时，实施国际化、城市化、工业化、城乡一体化发展战略，通过专业市场与产业集群打造区域竞争优势。相对来说，义乌政府更好地解决了市场和区域建设资金问题，通过发展高新技术产业，义乌实现了地区产业转型升级。

义乌和白沟地区的专业市场变迁表明，中国特色社会主义制度和国家治理体系既不是由自发秩序走向"扩展秩序"的先发资本主义国家的内源性道路，也不是更多发展中国家所走的捆绑式发展的"强制秩序"道路，而是既充分发挥市场在资源配置中的决定性作用，又更好发挥政府作用，具有鲜明的中国特色、民族特色、时代特色的独特发展模式，极大解放和发展了社会生产力，极大解放和增强了社会活力。正如习近平总书记所说："要讲辩证法、两点论，'看不见的手'和'看得见的手'都要用好，努力形成市场作用和政府作用有机

① 刘世定：《乡镇财政收入结构和运作机制》，《中国乡镇组织变迁研究》，第 140 页。

统一、相互补充、相互协调、相互促进的格局"[1]。

二、政府与社会良性互动

中国的市场转型实际上是国家自上而下推动与社会力量自下而上配合良性互动的结果。从现实来看，当代中国涉及到农民的制度演变，都包含着普通农民、基层干部的创造。政府的决策则是对基层创造的主动回应，是对基层创造的提升、规制与推动。

在中国的市场化转型过程中，国家会充分考虑到人民群众的利益诉求，并在与社会力量的互动中协同推进市场的治理，使得国家与社会之间形成协同治理的格局。正如习近平总书记总结指出："始终代表最广大人民根本利益，保证人民当家作主，体现人民共同意志，维护人民合法权益，是我国国家制度和国家治理体系的本质属性，也是我国国家制度和国家治理体系有效运行、充满活力的根本所在。我国国家制度和国家治理体系始终着眼于实现好、维护好、发展好最广大人民根本利益，着力保障和改善民生，使改革发展成果更多更公平惠及全体人民，因而可以有效避免出现党派纷争、利益集团偏私、少数政治'精英'操弄等现象，具有无可比拟的先进性。"[2]在中国市场化转型过程中，各级政府尊重人民群众的创造精神和利益诉求，通过少干预多引导、少限制多服务、少宣传多实干，着力完善营商环境，营造公正、透明、法治化的区域发展环境，为经济发展提供更加充分的公共产品和更高效率的政府服务。同时，充分利用社会力量，将更多管理职能下放给行业协会、商会等民间组织，通过建立民间行业性自律组织来维持市场的管理和促进市场发展。

---

[1] 习近平：《习近平谈治国理政》，外文出版社，2018年，第116页。
[2] 习近平：《坚持和完善中国特色社会主义制度推进国家治理体系和治理能力现代化》，《求是》2020年第1期。

　　从义乌和白沟专业市场变迁可以看出，义乌和白沟地方政府基于地区的实际情况与民众实际需求灵活调整政策，在法治化的制度框架内为百姓谋福利、谋利益，严格规范交易行为，有序监管市场的发展。义乌和白沟地方政府不是与民争利，而是使民众得利，不是涸泽而渔，而是放水养鱼，为专业市场和产业为核心的地区经济发展注入活水，引入新"鱼"，不断增强地方经发展活力。以义乌为例，过去四十几年的发展历程中，人民群众是推动义乌经济前行的主体；而义乌党委、政府始终尊重民众的意见，充分尊重他们的利益，从宣布"四个允许"到提出"兴商建县"战略，再到后来推出"引商转工、工贸联动"、建设国际商贸名城、"电商换市"等战略，都经过充分的调查研究，倾听来自人民群众的声音，确保一系列关乎义乌未来发展的重大决策都能够代表人民群众的利益。

　　在地方政府市场治理过程中，非经济因素和社会机制对市场经济活动有着重要影响。政府要实现与社会的良性互动，须通过非市场治理机制对市场进行治理。在行业协会、商会等社会组织运行中，地方政府通过思想引领和规范化管理来对市场经营主体的行为予以规范，从而推动市场竞争秩序的规范有序，推动经济实践不断稳定向前。例如，义乌和白沟地方政府通过各类组织对商人群体进行系统培训，使得商人形成市场经济理念和商业信誉观，使得市场的交易秩序更加稳定，促进地区经济发展。转型过程中，市场主体自觉的责任意识、法治意识、规范意识都有待提高，需要政府通过有效的治理来推动市场的规范化发展。政府的市场治理给市场和整体社会带来更大的利益，并且政府的市场治理过程培养了众多适应现代市场经济体系的主体。

　　在 20 世纪 80 年代末和 90 年代初市场繁荣的背景下，由于市场参与者彼此之间缺乏实质上的联系纽带，市场交易者出于自身利益不惜牺牲他人和市场的整体利益。投机主义、假冒伪劣、欺行霸市等现象在义乌和白沟的市场中蔓延，商户之间、买卖者之间普遍缺乏信任，市场秩序存在一定混乱状态，对市场造成了负面影响。面对这种局面，从 20 世纪 90 年代中期开始，义乌和白沟地方政府一方面直接打击各类市场违规行为，另一方面通过行业协会、商会等社会自组织力量来规范市场主体经营行为，使得商户之间建立了良好的信任关系，诚信经营的商业观念开始形成，促进了本地现代商业伦理的不断升华。

中国未来的经济社会发展仍需要进一步推动政府、市场和社会密切的相互协调协同，使政府有形之手、市场无形之手、市民勤劳之手同向发力，公共部门与私人部门的互动与合作，形成一种能够促进经济持续增长和福利分配公正的制度安排，实现中国经济社会发展的活力与秩序的有机统一。

三、党领导下的渐进接力型政府

中国共产党从诞生之日起就把"为中国人民谋幸福，为中华民族谋复兴"作为初心和使命。在新民主主义革命时期、社会主义革命和建设时期、改革开放和社会主义现代化建设新时期、中国特色社会主义新时代，党始终发挥中流砥柱作用，凝聚了最广大人民群众的利益。改革开放后，在经济建设领域，中国共产党坚持马克思主义政治经济学立场、方法和观点，结合中国实际逐渐形成了符合中国国情的社会主义基本经济制度，为中国经济的长期稳定增长提供了重要指导。中国共产党从人民利益出发，不断深化对市场规律的认识，积极将政府与市场统筹起来，有效解决了西方国家长期不能解决的公平与效率不可兼顾的矛盾。习近平总书记就指出："坚持党的领导，发挥党总览全局、协调各方的领导核心作用，是我国社会主义市场经济体制的一个重要特征。"[①]从党的十一届三中全会开始到十九届六中全会，党对市场与政府关系的认识越来越深化，提出了破解市场与政府关系这道世界性难题的优秀答案。同时，依靠持续设定增长目标、连续实施五年规划、坚持试点推广机制等制度工具，推动有为政府与有效市场的协调统一。根据中国特色市场经济的动态推进程度，对政

---

① 习近平：《在十八届中央政治局第十五次集体学习时的讲话》，《人民日报》2014年5月28日。

府的机构和职能进行战略性调整，高效地培育、保护、监管市场，弥补市场主体的信息不对称和不完全，纠正"市场失灵"。

义乌和白沟地方政府坚持党委领导，坚决贯彻落实党中央、国务院决策部署，同时积极发挥地方自主性、积极性，换领导不变战略，始终如一坚持兴商战略不动摇，一届接着一届抓，一任接着一任干，通过打造接力型政府，保持战略的延续性和政策的持续性。

义乌政府在推动地方经济发展过程中政策的延续造就了"接力型政府"，渐进接力型政府促成了区域战略的连续性，历届党政班子始终坚持兴商战略，班子只当"流水兵"，发展才是"铁营盘"[①]。正如 2006 年浙江省委书记习近平到义乌调研时所指出的，深入推广和学习义乌发展经验的关键在于把改革同本地实际结合起来，切实把创新与继承密切结合，接好接力棒，打好接力赛。[②] 在 20 世纪 80 年代初期，义乌政府深入调查研究，深刻意识到义乌已有经商传统的战略价值，在其他地方不允许或者限制经商的背景下，果断顶住压力，尊重人民群众发展小商品市场贸易的强烈需求，依然作出开放小商品市场的决策，并在政策上予以支持。1984 年，义乌主要领导出现了更迭，但依然坚持提出"兴商建县"的发展战略。1988 年撤县建市后，市委、市政府继续把市场放在经济社会发展的核心地位，把商贸业作为义乌主导产业。1994 年，面临自身工业薄弱的现实与国内其他同类专业市场的竞争，义乌市委和市政府果断提出"以商促工、工商联动"的发展思路，把工业作为另一发展重点来抓。进入 21 世纪，面对外部环境变化，围绕着商贸业发展，陆续提出城乡一体化、市场国际化、电商换市与创新驱动等发展战略。由此可以看出，义乌发展战略一直都立足于一个"商"字，这是当地政府在明确自身优势基础上做出的准确定位，实现了政策的连续性。义乌历届党委和政府能够树立正确的政绩观，能够正确处

---

① 《义乌经验的启示》，《人民日报》2006 年 7 月 11 日。

② 《学习推广义乌发展经验》，《义乌商报》2006 年 6 月 9 日。

理好当前利益和长远利益、局部利益和全局利益，讲究实际、因地制宜谋划发展。在每个阶段都能够着眼于满足人民群众发展需要，力求解决地方发展的实际问题。在发展过程中坚持与时俱进，具有忧患意识，能够在发展中看到存在的问题和面临的挑战，针对新形势提出新的思路和举措来丰富"兴商战略"的内涵，推进市场和产业的良性互动发展，不断创新发展模式和发展成果。

随着我国进入新发展阶段，地方政府需要完整、准确、全面贯彻新发展理念，结合当地实际情况对市场实行有效的调控和规制，充分释放市场发展活力，加快构建新发展格局，推动经济高质量发展。在推进各项工作过程中，要按照习近平总书记要求，"地方和部门工作也一样，要真正做到一张好的蓝图一干到底，切实干出成效来……一张好的蓝图，只要是科学的、切合实际的、符合人民愿望的，大家就要一茬一茬接着干……实践是不断发展的，我们的认识和工作也要与时俱进，看准了的要及时调整和完善……用新的思路、新的举措，脚踏实地把既定的科学目标、好的工作蓝图变为现实。要树立正确政绩观，多做打基础、利长远的事，不搞脱离实际的盲目攀比，不搞劳民伤财的'形象工程'、'政绩工程'，求真务实，真抓实干，勇于担当，真正做到对历史和人民负责"[①]。

四、要素禀赋结构优化

依据经济学理论不断发展高级要素并优化要素结构是一经济体保持持久的竞争优势的前提条件，要素结构的优化有助于促进产业结构优化升级。改革开放以来，我国通过渐进式改革和渐进式发展路径，推动劳动力、资本、资源等要素资源从附加值比较低的劳动密集型产业向资金密集型、技术密集型的产业

---

① 习近平：《习近平谈治国理政》，外文出版社，2018 年，第 400 页。

转移，实现了我国产业结构的逐渐优化，取得了经济的快速增长。[1] 义乌和白沟的市场变迁和产业升级过程就是地方政府不断优化土地、劳动力、资本、技术等要素禀赋结构的过程。

在市场萌芽阶段，传统商民、农民和地方干部的社会互动造就了专业市场的发育。这一时期，义乌和白沟的土地等资源基本属于僵化的资产，劳动力等其他要素资源也处于僵化状态。从 20 世纪 80 年代中期到 90 年代初期，为了活跃地方经济、扩大税源，义乌和白沟政府有意识地构建要素禀赋结构，对农村与镇区内的闲散土地进行整理，通过构建实体市场交易场所盘活了闲置的土地资产；通过社会集资、申请银行贷款为市场建设提供资金支持，同时引导银行向私人商户贷款，为商户经营提供流动资金；通过支持发展家庭手工业，带动区域制造业生产；通过允许农民进城经商，释放农村大量劳动力；同时对商户进行税收知识与市场规则培训，提高劳动力整体素质。这一阶段，要素禀赋结构初步形成，专业市场的初步繁荣也推动了家庭加工业的迅速发展，市场群体形成初步的利益分化，商业资本和工业资本逐渐发育，农民分享市场发展和土地资本化成果，整个乡镇是一个利益共同体。

1992—2001 年，政府通过专业市场升级进一步推动土地资源的盘活，带动了房地产市场初步发展；利用地区市场繁荣筹集社会资本，投入市场建设和城镇基础设施建设，同时构建地方金融市场为区域经济发展提供资本支持；吸引国内外商人到本地从事工商业经营；通过建立工业园区推动家庭工业的工业化。在这一阶段，义乌和白沟的要素禀赋结构和产业结构得到优化。随着市场的发展，形成了日益分化的获利结构，商业资本和产业资本不断得到积累，出现了初具规模的企业家群体。

2002 年以来，土地资源资本化程度日益提高，社会资本成为专业市场建设

---

[1]　林毅夫、李永军：《比较优势、竞争优势与发展中国家的经济发展》，《管理世界》2003 年第 7 期。

和基础设施建设的重要支撑。义乌通过区域金融市场和国内资本市场吸引大量资本，政府通过优惠政策吸引各类人力资源聚集；通过扶持规模私人企业促进产业升级，实现本地的规模经济与产品的品牌化；针对电子商务发展，提供专业化物流服务，并通过建设信息化基础设施与电子商务平台，发挥技术要素资源的效率。在这一阶段，随着资本积累，义乌更加重视规模工业和战略性新兴产业的培育，通过龙头企业产业链招商与科研院所、科技人才等创新资源导入，打造形成了光电产业和新能源汽车产业完整的产业生态，实现了地方产业结构的高级化。而白沟由于过度依赖土地要素发展地方经济，当外部环境导致土地资产价格过高时，商业和工业发展面临巨大的成本压力，规模化工业发展趋于停滞，反映了单纯依靠生产要素的粗放型经济发展模式的弊端。白沟产业的"地产化"趋势日渐明显，土地成本和商业经营成本不断增加对实体产业发展形成了成本挤压，不利于白沟整体产业的升级。

随着中国经济进入高质量发展阶段，中国需要进一步转变发展方式、优化经济结构、转换增长动力。正如习近平总书记深刻指出，"我国经济规模很大、但依然大而不强，我国经济增速很快、但依然快而不优。主要靠资源等要素投入推动经济增长和规模扩张的粗放型发展方式是不可持续的。……老路走不通，新路在哪里？就在科技创新上，就在加快从要素驱动、投资规模驱动发展为主向以创新驱动发展为主的转变上"[1]。地方政府需要继续发挥有为政府作用，结合本地区特点，推动地方要素禀赋结构优化，实现更合理分工，凝聚更强大的合力，推进地方经济高质量发展。

---

[1] 习近平：《习近平谈治国理政》，外文出版社，2018年，第120页。

后 记

入职广东省团校（广东青年政治学院）后，在工作和生活上，我受惠于各位领导、老师和同事的关照，谨此向他们深表感谢。尤其要感谢谭杰书记、胡荣华常务副校（院）长、李学龙书记、黄洁贞副校（院）长、林楠教授、蔡恭亦教授对我的支持和帮助。同时也要感谢教务科研部王小玲部长、党群工作部陈妍部长、党政办公室吴海波主任、总务部孟宪飞副部长、青年发展研究院肖小平副院长、青年公益与志愿者学院汪彩霞副院长、粤港澳大湾区青年学院钟宇慧副院长，他们总是热心地为我提供专业的意见和帮助。感谢广东省团校（广东青年政治学院）教材著作出版资助基金资助本书出版。

拙著基于博士论文改写而成。时光飞逝，岁月如梭。我曾以研究生的身份两次走入燕园，感受思想自由、兼容并包的学术气氛。很幸运地遇到众多良师益友。感谢博士阶段的导师邱泽奇教授。在论文写作过程中，每个阶段他对论文的大方向都有着精准的把握，为我扫清了思路上的障碍。没有邱老师的指点与支持，我很难坚持下来，更不会有此书。

感谢提出指导意见的刘世定教授、李路路教授、王天夫教授、周飞舟教授、刘能教授、李国武教授、卢晖临教授、卢云峰教授！

感谢我的硕士导师马戎教授和博士后阶段合作导师李强教授，他们给予我热心的指导和帮助，他们的学术情操和品性让我坚定地选择了学术道路。

感谢白沟新城受访者对我田野工作的大力支持！

感谢一直关心我的朋友们，谢谢你们一直以来的陪伴、支持与鼓励。

我的学术研究是在前人的基础上进行的，在本书写作过程中，我参阅和引用了大量国内外学者的成果文献，感谢他们的辛勤付出。

感谢我的亲人们。感谢我那勤劳朴实的父母，我出生在东北一个落后的农村，如果没有他们从小的教导和辛苦付出，我不可能通过教育改变命运。感谢我的爱妻和岳父母，他们的关怀和鼓励一直鞭策着我不断进步。最后，我要将此生的首本专著献给我那刚刚去世的外祖母。多年以来，我一直觉得她的自强、勇敢、坚韧、乐观像极了马尔克斯笔下的老祖母——乌尔苏拉。平凡的您在我眼里很伟大。外祖母一路走好，我会永远想您、念您。

2022 年 12 月 25 日